子どもの本気と実力を引き出すコーチング

［著者］
国際武道大学　国際武道大学
立木幸敏　前川直也
［協力］
十文字学園女子大学
高橋正人

内外出版社

◆目次

選手の実力を発揮させる　コーチング　18

より良いチームづくりに向けて　チームビルディング　70

「安全」のコーチング　立木幸敏

捻挫・肉離れをあなどらない　140

知って防ごう、熱中症　148

脳しんとう　171

「安心」のコーチング

前川直也

コーチングの前に　人間の本能・心理を意識する

◆人間は無意識のうちに勝とうとしてしまう生き物

本題に入る前に、ウォーミングアップ、アイスブレイクを行いたいと思います。

みなさん、私とジャンケンをしましょう。私に必ずジャンケンで勝ってください。透視などできるわけがないのですから、もちろん後出ししてかまいません。

「ジャンケンポン」

どうでしたか、私に勝てましたか？

人間は無意識のうちに相手に勝とうするので
わざと負けるのが意外と難しい

では次に、私に必ず負けてください。先ほどと同様、後出ししてかまいません。

「ジャンケンポン」

どうでしょう。どちらが難しかったですか？　負けるほうが難しくなかったですか？　勝てる手は幾分容易に浮かんでくるものの、負ける方となるとなかなか浮かんでこなかったと思います。

実は人間は、わざと負けるというのが意外と難しいものなのです。なぜだと思いますか？

皆さんは日常の中で、いつも勝とうとしているからです。勝負をしたら、人と比べたら勝とうとしてしまうものなのです。それが人間の本能です。その考えを一度リセットしてください。

ジャンケンというのは一つのコミュニケーションなのですが、なぜかコミュニケーションのはずなのに

人間というのは無意識のうちに相手に勝とうとしてしまう、人と比べようとしてしまう。そのためにギスギスとした軋轢《あつれき》が生じてしまったりするものなのです。

人間はみな人それぞれ特徴があり、長所・短所もあり、それを比較するものではないのですが、でも負けたくない、勝ちたいという気持ちが働いてしまう。人間というより生き物としての本能なのかもしれません。これは指導においても、チームづくりにおいてもキーワードになるので一つ覚えておいてください。

◆盲点——指導者からは見えていても、選手には見えていない

もう一つ、ウォーミングアップをしましょう。

次のページの右の絵は「ルビンの盃」という有名な絵です。二つのものに見えるはずです。白い方に目をやれば盃に見えますが、黒い方に目をやれば向い合った二人の女性の顔が見えます。

しかし、この二つを同時に見ることはできません。必ずどちらかにしか見えません。つまり人

には盲点がある。**視点の変化で見えてくるものがあれば、見えなくなるものもある**ということです。

左は「妻とその母」という絵です。見方によれば二人の女性が見えます。若い女性が見えますか？　それとも老婆が見えますか？

若い女性が向こうを向いている絵に見えますが、見方によっては、鼻の大きなアゴの出た老婆に見えてきます。

この絵も若い女性と老婆を同時に見ることはできません。見方によって必ず盲点がある。見方によって変わってしまうということです。

その他、Awareness Test というものがあります。同じ動画を見ていても、何に注目するかによって見えるものが違ってくるということを証明するものです。

「妻とその母」

「ルビンの盃」

例えば、複数の人間がバスケットボールでパス回しをしている動画を見せて、「パスが何回まわるかを数えてください」と言います。

そして動画が終わった後、

「さてこの中に赤色のシャツを着ていた人は何人いたでしょう」

と問われると、答えられる人は少ない。見ている人はパスを数えるのに集中してしまい、その他の情報が頭に入ってこないからです。

これをコーチングの専門用語でスコトーマと言います。心理的盲点のことです。物理的には視界に入っているはずなのに、脳は認識することができない状態のことです。

皆さんが生きていくなかで、**指導をしていくなかで、何かを見ようとする時、必ず盲点があるのです。**

どんなにベテランの指導者でも

「えっ、この子ってこんなイイところがあったの?」逆に「こんな弱いところがあったんだ」と感じることがある。

別にその子が隠していたわけではありません。それは見ている人の盲点なのです。人は全てを見ることができているようでいて、見えていないものです。これを頭の中に置いておいてください。

選手に対して

「なぜ私の言ってることがわからないんだ！」

と言ってしまったことはありませんか？　これと同じなのです。指導者とその選手に見えているものが違うからです。その選手には見えてないからです。見えないものは見えない。だからわからない。

同じものを見ていながら、同じことをやっていながら、**指導者の視点から見えているものが、選手側の視点からは見えていないということがある**のです。

◆人の心を左右するのは出来事ではなく受け取り方

選手が練習に遅刻してきました。どうしますか？

あなたが選手に対して怒鳴ったとします。あなたがその怒鳴られた選手だったらどう思うで

同じ叱られ方をしても、人によって受け取り方は違う

しょうか？

「自分が遅刻したのだから当たり前」

「自分のために言ってくれた」

こんな素直な選手ばかりだったら幸せでしょうね。

「そこまで怒らなくてもいいじゃないか」と思うこともあれば「うるさいな。余計なお世話だよ」と思う選手もいるでしょう。

つまり同じ出来事でもとらえ方によって全く違ってくるわけです。

例えばストレスについても同じことが言えます。A君にとってはストレスであっても、B君にとっては全くストレスではないということがあるのです。

出来事には何の色もついていません。人の心を左右するのは出来事ではなくて受け取り方であるということを理解してください。

目の前の出来事には何の意味もなく、人それぞれが価値観というメガネをかけて見ていることで意味が変わってきます。

「遅刻してはだめだ」

「時間通りにくるべきだ」

これは「〜すべきだ」「〜しなければならない」という「べき思考」と呼ばれるもので、これにとらわれてしまうと視野が狭まります。その子への評価の見誤りにもつながりますし、その子が遅刻をしてしまう理由、どうすれば遅刻をしなくなるのかというところに辿り着くことはできません。

◆人は足りないところに目がいく

ここに二つの円があります。どこに目がいきますか？　円がつながっていないところ、欠けているところに目がいきませんか？

どうしても円の欠けている部分に目がいってしまうもの

心理学で「未完の円」と言います。人は足りないところに目がいくものです。言い換えれば**その人の足りないところ、欠点・短所というのは非常に目につく**ものなのです。

「自分の短所を言ってください」

と言われるとなかなか恥ずかしくて言えないものですが、他人の短所となるともうマシンガンのような勢いで列挙できてしまうのです。

皆さんが指導している選手の誰かを思い浮かべてください。A君がいたとしたら長所と短所、どちらが出てきますか。長所を5つ挙げてくださいと言われるとすぐに出てこないですが、短所を5つ挙げてくださいと言われるとすらすらと出てくるはずです。短所が目について、長所になかなか気づかない。

さらには、**足りないところ、短所を見て「補ってあげたい」「手伝ってあげたい」という気持ちが働きます。**「未完の円」

の穴をみて、それを埋めたくなってしまうのです。これも人の心理で、時に「おせっかい」につながってしまう。「教えすぎ」「オーバーコーチング」と言われる現象はこうやって起きているわけです。

明朗活発は長所になるが、見方を変えれば、うるさい・落ちつきがないとなる。とらえ方によって全く変わってきます。

◆長所、いいところに視点を変えていこう

組織で行動しているなかで、必ず嫌いな人、苦手な人、合わない人がいて、その短所・欠点に目がいってしまう。そんな自分を「人間ができていないからだ」と責める必要はありません。これは人が誰しもがもつ本能です。

本能的に短所に目が行きネガティブになってしまうのだとしたら、**意図的にとらえ方をポジティブなもの変えていかなければなりません。**とらえ方を変えることで長所・いいところが見られるようにしていく。そのヒントをつかんでいただければと思います。

選手の実力を発揮させる　コーチング

◆コーチングとは、「導く」「引き出す」こと

指導というと「コーチング」という言葉にひとまとめにして考えられがちですが、指導には**ティーチング、トレーニング、カウンセリング、コーチングがあり、目的に合わせて使い分ける**必要があります。

ティーチングは「教える」。その競技の知識・ルール・基礎の技術などを教える・伝達する段階です。つまりティーチャーが答えを知っていてその答えを生徒に教えることです。

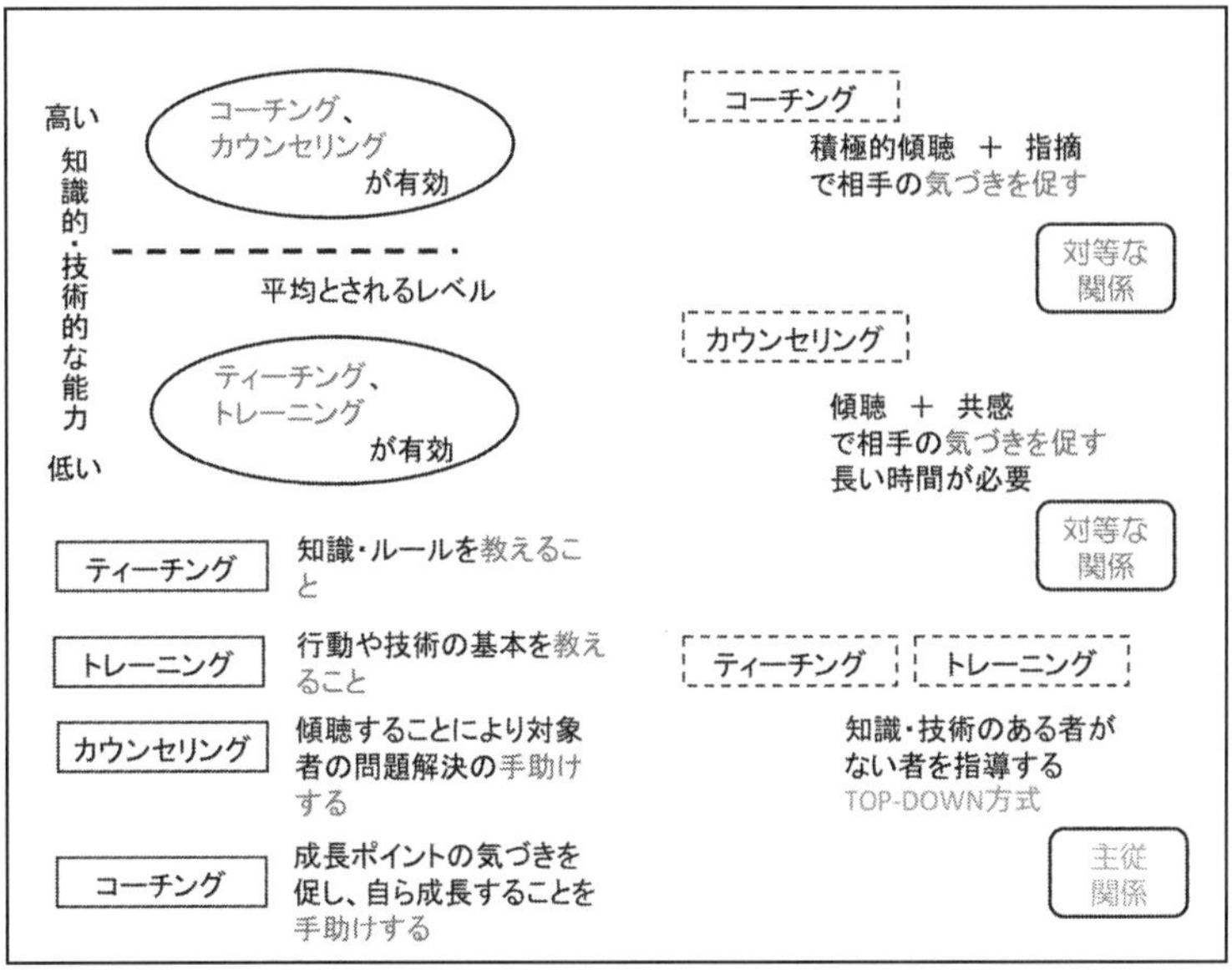

ティーチング、トレーニング、カウンセリング、コーチング
目的にあわせて使い分ける必要がある

トレーニングは「訓練する」。決められた手順や技術をその通りに効果的に習得させることです。

ティーチングとトレーニングは比較的知識・技術の平均レベルが低い、つまり初心者に対して行われるものです。知識・技術がないところにコーチングは意味がありません。やはり知識を教えることと技術の訓練が最初は必要です。

指導者と選手の関係は、ティーチングとトレーニングにおいては主従関係で、知識・技術のある者が、ない者を指導するという関係です。

カウンセリングは「助言する」「忠告する」。

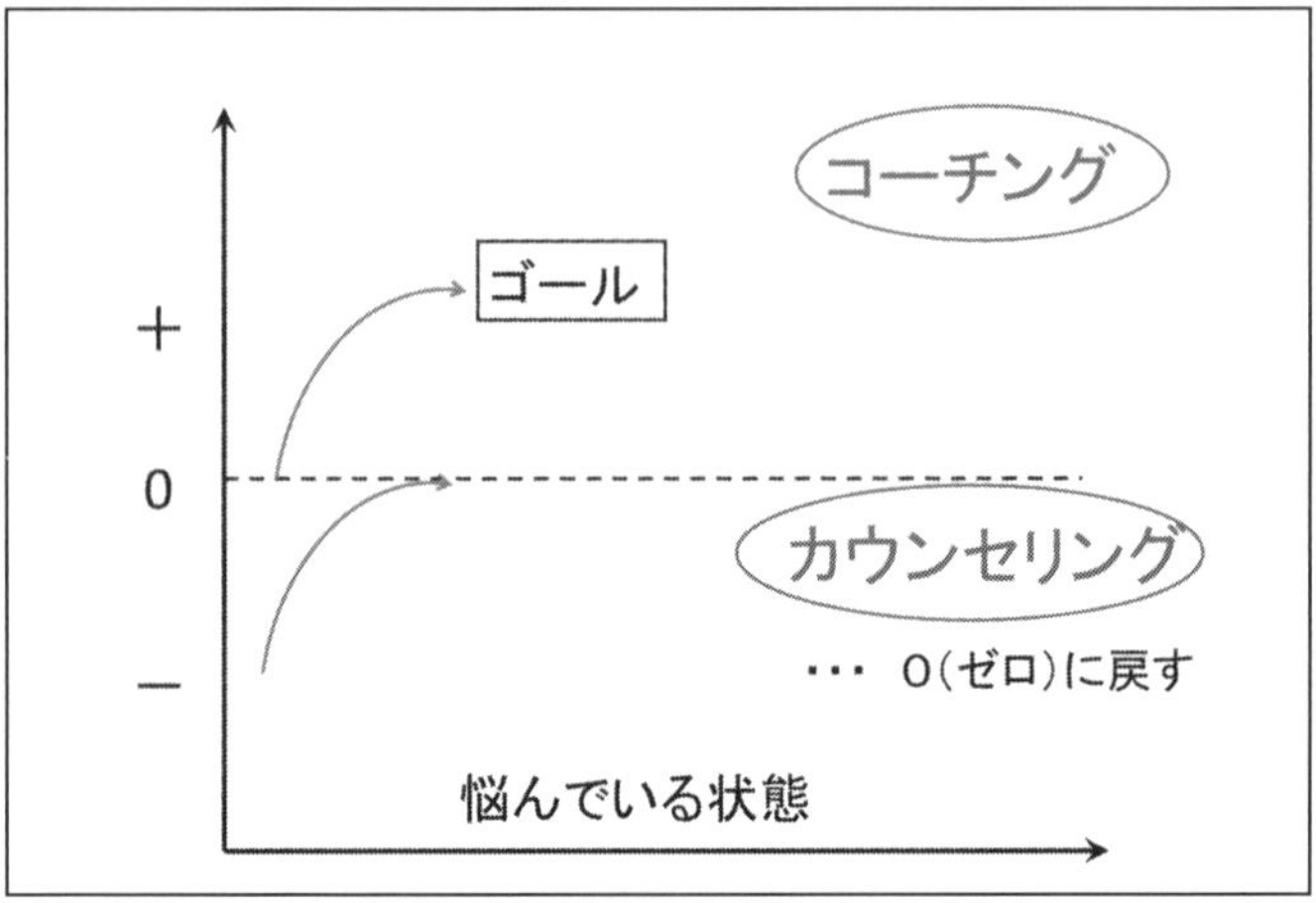

カウンセリングはマイナスの状態をゼロまで戻すもの
コーチングはゼロの状態から少しでも向上させてプラスにするもの

選手が伸び悩んでいる理由、スランプの原因などを洞察・分析することに比重を置いて、相手の気づきを支援します。聴く・掘り下げる・視点を変えるという要素が入ります。

コーチングは「導く」「引き出す」。コーチの語源はハンガリーのコーチェ村で作られていた「四輪馬車」のことです。英語ではバス停、長距離バス、列車の客車を意味します。つまり目的地まで人を連れて行くもののことです。教える人とか指導する人という意味ではありません。**目的を持った人を目的地にまで運ぶ（導く）人**のことです。

コーチングとカウンセリングは対等な関係で行われます。知識・技術レベルが高い人には有効ですが、初心者には有効ではありません。

さらにコーチングとカウンセリングの違いを説明

するると、カウンセリングは悩んでいる状態、つまりマイナスの状態をゼロに戻すもの。コーチングというのはゼロの状態を少しでも向上させてプラスにしてあげるためのものになります。

◆「なぜ?」と言われると人は心を閉ざす

コーチングに必要なのはWhy(なぜ?)ではなくHow(どうする?)です。

「なぜできないんだ」ではなく「どうすればできるのか」という方法論を与えることです。「なぜできないんだ」「なぜやらないんだ」「何度言えばわかるんだ」と言いたくなる気持ちはわかります。そこで根負けをしないことです。

「なぜ」と言われると間違いなく人は心を閉ざします。「なぜ?」という問いかけは質問の形をとってはいますが、実は相手を責める言葉になっています。「なぜ?」と問われると責められている気分になります。今までにそういった経験はありませんか?

そういう問いかけへの返答の多くは「だって、○○だから」とできない理由を述べる言い訳になりがちです。「どうすればできるようになるか」という建設的なものではありません。

問いかけは「なぜ？」ではなく「どうする？」「どうしたい？」が建設的

だったら「どうしたらいいと思う?」「次どういう風にしよう?」と聞いてあげて、相手に考えさせ、行動を促す方が建設的です。

「なぜ?」という言葉も使い方によっては効果を生み出します。それは、**相手が選択したことや、これから挑戦したいと思ったことに対しての問いかけ**です。

「なぜそれをやりたいと思ったの?」と聞くことで、選択の根拠、挑戦しようとする意志を述べさせることで本人に自覚、再確認させることができます。

コーチングとは、ゴールを設定し、ゴールに向かってどうしていくかを考えていく（教えていく）ことです。選手一人ひとりがどこに目的を持って、どこに向かっているかを明確に把握してください。

まず目的を持って行動することが大切です。強制的であっては長続きしません。人は目的がないと動きません。意味と価値がないと人は動かないのです。練習で「走りましょう」と言っても何のために走るのか、その意味を説明しないと人は不満を抱きます。皆さんも自分自身が行動するためには目的を持つはずです。目的があるから人は動くわけです。

◆あなたは何のために指導者になったのですか？

コーチングというのは、対等な関係の中、その人の力を引き出すことなのに、指導者の体罰・暴言。指導者のセクシャルハラスメント・パワーハラスメントが問題になっています。

ここで私が言いたいのは「初心忘るべからず」ということです。

皆さんは、選手を威圧したくて、怒鳴りたくて、暴言を吐きたくて、ハラスメントをしたくて指導者になられたのですか？

私は指導者講習会でいつも参加者にこう問いかけています。

「皆さんが指導者になろうと思ったきっかけはどういったことでしょう？」

そして一分ほど考えてもらいます。

高圧的な態度をとったり、暴言を吐いたり、選手を殴ろうと考えられていましたか？　そんなことはないはずです。私も時に感情にかられて、大声で注意したくなることがあります。その時は必ず、自分が指導者を志したのはなぜかを自分に問いかけるようにしています。

なぜ指導者になろうと思ったのですか？

目標を決めるにあたっては、その道を志した時の原点にもどることが大切です。競技を楽しみたい、この競技の楽しさや喜びを伝えたい。そのためにどのように指導していくのか、そのことに今一度思いを巡らせていただければと思います。

◆メンタルが強い・弱い

負けるとメンタルが弱い、失敗するとメンタルが弱い、こういった言葉をよく耳にします。はたして負けたこと、失敗したことをメンタルが弱いからと結論づけていいのでしょうか。

例えば負けた後のミーティングで、私たちはメンタルが弱いから負けた、だからメンタルを鍛えなければならないという結論を導き出すような傾向にあります。ある部分では間違ってはいないと思います。

では逆に、勝てばメンタルが強いのか、成功すればメンタルが強いのか、果たしてそれは正しいのでしょうか。その根拠は何でしょうか。飛躍しすぎてはいないでしょうか。

「技術が完成の域に達していないから」と考えることの方が妥当ではないかと考えます。

実力を発揮できない理由は技術的な部分、体力的な部分の方が占めている割合は多いものです。例えば初心者が試合に負けたり、練習の中で失敗したら、それはメンタルが弱いからでしょうか？　体力的にも技術的にも未熟だからと考える方が妥当です。

メンタルを問う前にまず自分のプレーを確認し、プレーそのものを向上・発展させる意識を持つことが大切です。

実力を発揮するためには心・技・体この三つが必要です。さらには戦術・戦略という要素が加わります。

試合が終わってメンタルが弱いだけで結論をつけるのではなく、心はどうだったのか、技はどうだったのか、体はどうだったのか、戦術・戦略はどうだったのか、これら四つの側面からしっかりと考えなければなりません。

ここからは心の部分でどのようにすればいいかを説明していきます。

◆実力を発揮する＝失敗しない

「120％発揮する」

といったことを言う人もいますが無茶な話です。実力を最大限に発揮するといった場合の最大限とは、100％を意味しています。しかし人間の体は100％の力を出してしまったら壊れるように出来ているものです。出せて70～80％くらいのところで抑えられるよう出来ています。火事場の馬鹿力というものは普段なら70～80％くらいに抑えられている力のリミッターが外れて、「体が壊れてもいい。でもここで逃げなければ生きることができないかもしれない」。だから、日常では考えられないような力が出るという現象です。

だから、私は講習会では

「指導者が120％発揮しろ、というのは身体を壊せということです。そのようなことを指示されたら、『救急車と弁護士と保険会社に連絡しておいてくださいね』と指導者に返答しなければなりませんね」

と冗談を言っています。

『ドクターX』というドラマをご覧になったことがありますか？　どんな手術も絶対に失敗しない女性医師が主人公で、もし実在するとしたら間違いなく自分の実力を最大限に発揮している人物です。

「実力を発揮する」＝「失敗しない」これがキーワードです。

なぜ「失敗しない」と言い切れるのか。「失敗しない」ためには何が必要なのか。それを考えていきましょう。

◆「ビビる」のは当然であり人間の本能

こんな質問をされたとします。

「試合でビビッてしまって力が発揮できません。どうしたらいいですか？」

人間、**誰しもビビッてしまうのは当然**のことです。当たり前のことを理由としてフォーカスを当てていること自体がナンセンスです。

「ビビる」という状態を皆さんの体験の中で思い浮かべてみてください。人は何かに挑戦しようと思わない限りビビらないものです。どうでもいいことに対してはビビることはありません。ビビるという現象をネガティブにとらえがちですが、実は**何かに挑戦している状態なのですからポジティブな現象**なのです。

自分自身で実力を発揮できないと決めつけていませんか？

「決めつけ」というところにヒントがあるように思います。

ここで問題を二つ出します。

「こちらにバスの絵があります。このバスの進行方向は左右どちらでしょうか？」

多くの方が右と答えると思います。このバスには乗降口が書かれていません。乗降口は絵の反対側にあることになります。そして日本は左側通行ですから、このバスは右に進んでいくと考えるはずです。しかし、問題には「どこの国か」ということは書いてありません。日本だと「決めつけ」るから右に進むと答えてしまうのです。

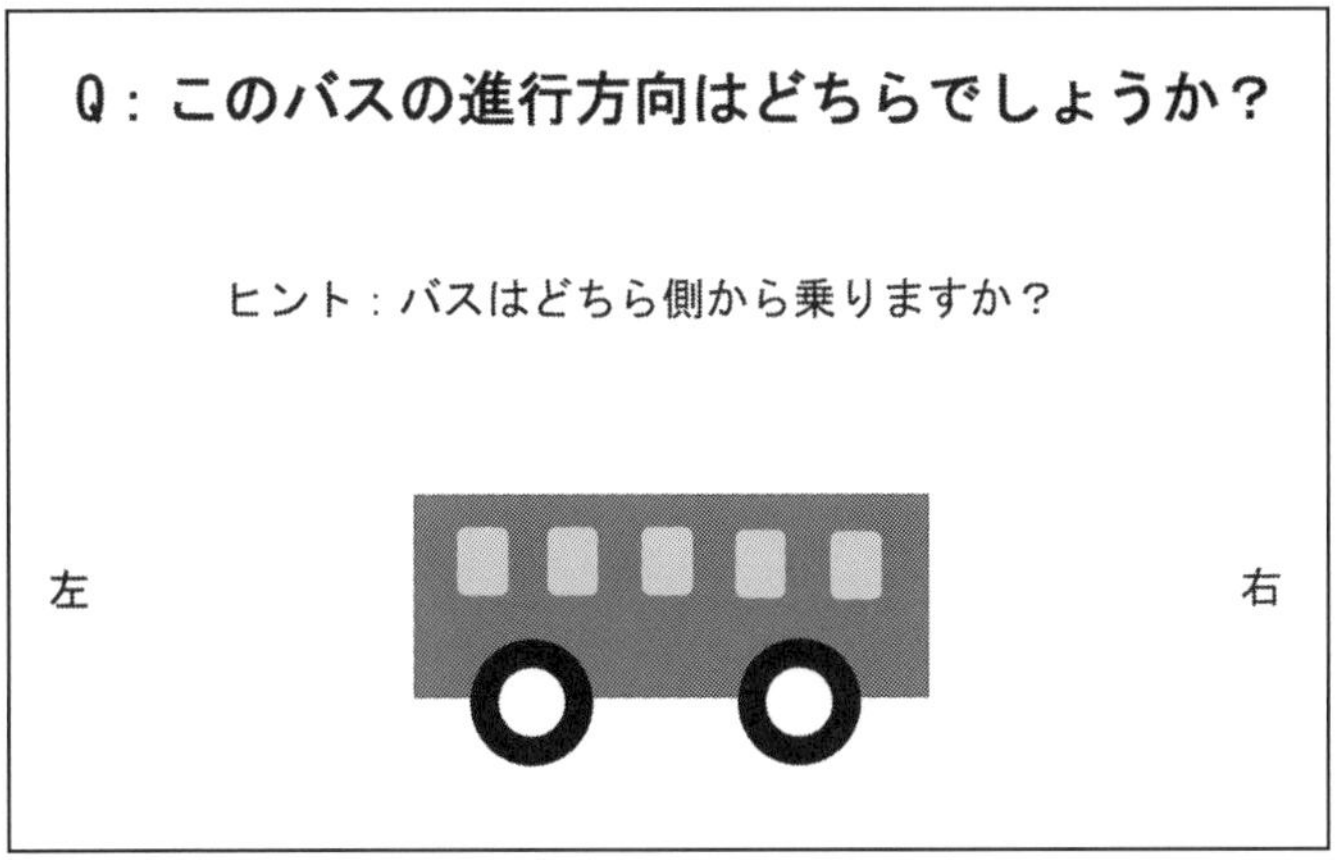
Q：このバスの進行方向はどちらでしょうか？
ヒント：バスはどちら側から乗りますか？
左
右

次の問題です。少し長いです。

父親と息子が二人でドライブに出かけました。しかし父親が運転を誤り事故にあってしまいます。事故の結果、父親の息はなく、息子も瀕死の重体でした。

息子は救急車で、地域で最も優れた腕を持つという外科医がいる病院に救急搬送されました。そして緊急手術が行われることになったのです。

しかし外科医が運ばれてきた患者の姿を見てこう言いました。

「自分の息子にメスを入れることなんてできない」

この文章を読んで「何かおかしい」と思ってしまった人は思考のバイアスがかかっています。「外科医＝男」

だと思ってしまうから引っかかるのです。外科医が女性、つまり息子の母親だととらえることができればこの文章はすんなりと読めるはずです。

このように**皆さんの勝手な決めつけや思い込みの中で物事が進んでしまっている**ということが多々あります。

◆どうせ不安はなくならない。だったら捉え方を変える

実力を発揮するなかでビビる。人が力を試される時に不安や恐怖を感じるのは当たり前のことです。ここで不安と恐怖の違いを説明します。

不安というのは対象が不明確で漠然としたものです。一方、恐怖というのは対象が明確です。例えば学校のテストにビビっている。どういう結果になるかわからない、点数が悪いかもしれない、という不確定なことに対して「不安」を感じているのか。

それとも点数が悪いことによって、親が怒る・先生が怒るという具体的な対象に「恐怖」を感じているのか。これを明確にしなければなりません。

そもそも**人間の中で不安というものが無くなることはありません。**対象が不明確ですからずっと感じ続けてしまう。将来のこと、確かでないことに対して感じるものなので、生きている限り常につきまとうものです。「不安をなくせ」と言っても対象が不確定ですから取り除きようもなく無理な話です。

どうせ**無くならないのであれば、不安の捉え方を変えてみてはどうでしょうか？**　不安が無くならないからこそモチベーションが維持できる。不安があるから頑張れる。例えば後輩が入ってきたら後輩に抜かれたくない。抜かれると決まっているわけではないのに頑張ってしまう。そういう側面もありませんか？

◆「ビビる」＝「準備ＯＫ！」

人間のサバイバル能力について説明しましょう。

心臓がドクンドクンとなるのは心拍を上げて体に酸素と血液をいきわたらせているから

あなたの目の前にライオンが現れたとします。ビビるはずです。

心臓がドクンドクンとなって心拍数が上がるはずです。これは自然な現象です。試合前と同じ身体症状ではないですか？　これは人間が持っている本能的な機能なのです。すぐに体を動かして逃げられるようにするために、心拍数を上げて体中に酸素と血液を行きわたらせているのです。

これはウォーミングアップと同じ効果です。アイドリングして、いつでも動ける状態になっているということです。つまり、**緊張して、心臓がドクンドクンとなっているということは、「準備ＯＫ！」という状態**だととらえることができるのです。試合の前や、大勢の前で何かを発表する時も同じ状態になるはずです。

それに対して「ビビるな」「何ビビッてるんだよ」と

言うのはおかしな話です。ビビっているのではなく、いま準備が整ったと考えましょう。そうとらえるだけで気持ちは全く違ってきます。

◆「守られている」感覚を与えて力を出しきらせる

選手が「ビビッているな」と感じた時の声かけは、さきほど言いました「不安」をとりのぞいてあげるもの。つまり**安心、「守られている」という感覚を持てる言葉**を使います。

アメリカの心理学者・チャールズ・ガーフィールドは、ピークパフォーマンス（最高のパフォーマンス状態）に特有の8つの感覚を示しています。

ピークパフォーマンス　8つの感覚

①精神的にリラックスした感覚……精神的に冷静である。

②身体的にリラックスしている……筋肉がリラックスして、しなやかで正確な動作が行える。

③自信に満ちている楽観的に感覚……うまくやれるという自信に満ちた楽観的な内面の感覚。

④現在に集中している感覚……過去や未来について一切の考えや感覚を持たない、現在に集中している状態。すべての動作が自動的に起こるような感覚。

⑤高度にエネルギーを放出する感覚……喜び、激しさ、力が身体に満ち溢れている感覚。

⑥異常なほどわかっている感覚……自分と周囲のことが鋭くわかっている感覚。

⑦コントロールしている感覚……潜在意識によってコントロールされ、正しい動きをし、その結果が自分の意図したとおりになるという感覚。

⑧繭《まゆ》の中にいる感覚……不安や恐怖から解放された心地よい感覚。

（「本番に強い子」に育てるコーチング　児玉光雄）より

そのうちの一つである「繭の中にいる感覚」を持たせてあげましょう。

「私が見ているから。一緒についているから大丈夫だよ」と**指導者に守られているという感覚**を持たせてあげてください。

そのうえで、「思い切っていきなさい」と声をかけて背中を押してあげましょう。結果を出すためには力を出し切らないことにはどうにもなりません。**力を出し切ることに集中**できるよう

選手に「守られている」という安心感を与えて
心のブレーキを外してあげる

に導いてあげましょう。

人を育てていくうえで、厳しい父性、守ってくれる母性の両方が必要だと言われています。守られている状態でないと人間は心を開きません。それでは行動も積極的なものにはなりません。

選手が不安を感じている時は、「自分は守られている」と思わせること。指導者は厳しい父性と、優しい母性の両方の感覚を意識してください。

後ほども述べますが、人間は「安全」に対する欲求を持っており、安全を確保するために自分でブレーキをかけようとします。その**安全に対する欲求を指導者が満たしてあげて、ブレーキを外してあげる**わけです。

◆緊張をコントロールする

実力を発揮するためにどうすればいいのか。スポーツ心理学的に考えると、覚醒水準がカギを握ります。覚醒水準とは脳の興奮度、緊張の度合いと考えてください。

ではどのくらい緊張した時に実力を発揮できるのでしょうか。緊張した時の方がいいのでしょうか。緊張しなかったときの方がいいのでしょうか。どちらだと思いますか?

例えば緊張している選手がいた時、「お前は、何を緊張しているんだ!」と声をかけていませんか? 逆に全く緊張しなかった時には「緊張感が足りないぞ!」と声をかけていませんか?

選手本人も「緊張したから負けた」「緊張が足りなかったから負けた」と反省することがあるはずです。

「ほどよい緊張」「少し緊張している」くらいの方がいいということも言われています。

これについては逆U字型理論で説明されます。

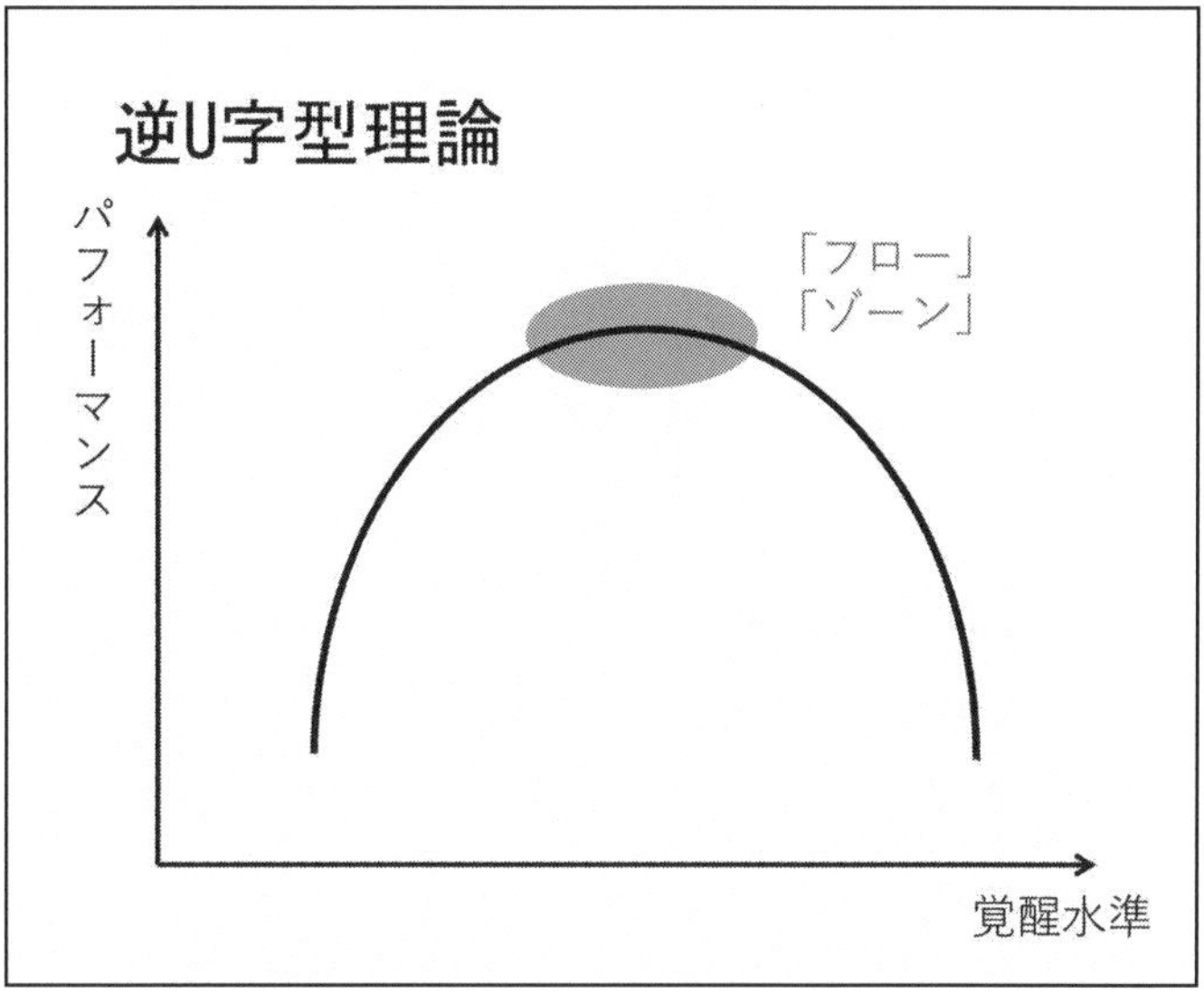

緊張が最適にコントロールされると
極限の集中「フロー」「ゾーン」の状態になる

縦軸にパフォーマンス、横軸に覚醒水準。

緊張しすぎるとパフォーマンスが発揮できない。緊張が足りないのも力が発揮できない。**中程度の緊張がいい**という話です。

「ある程度の緊張感を持って臨みなさい」という指導はあり得るのですが、**「緊張するな」という指導はあり得ない**わけです。そもそも脳というのは生きている限り活動していますから緊張がゼロになることはありません。

最適な緊張の中で最大限にパフォーマンスが発揮できている状態を「フロー」また「ゾーン」と言います。「最適な緊張」というよりも「極限の集中」と言った方が理解しやすいでしょう。

面白い本を読んでいる時、楽しいゲームに夢中になっている時、あっという間に時間が過ぎていたという経験は皆さんもあると思います。

「フロー」「ゾーン」も、競技に集中するあまりにいつの間にか時間が過ぎてしまっていたとか、頭では考えてないのだけど勝手に体が動いて最適なプレーが出来ていたという状態です。

防衛、ディフェンスの「フロー」「ゾーン」というものもあります。例えば交通事故にあった瞬間とか、自転車で転んだりという時、その瞬間がスローに見える。これは自分の生命を守るために極限の集中力を発揮しているからです。その時は自分で集中しようと思っているわけではなく、無意識のうちに集中してしまうという状態です。

緊張というのは「あるからいい」「ないからダメ」というものではなく、**緊張をうまくコントロールして最適の状態にする**ということが大切です。

試合で緊張するのは当たり前です。緊張しない選手はいないはずです。緊張とどのようにつきあっていくかということに重きを置いてください。生理心理学的には覚醒水準を最適の状態にもっていければ実力を発揮できると言われています。

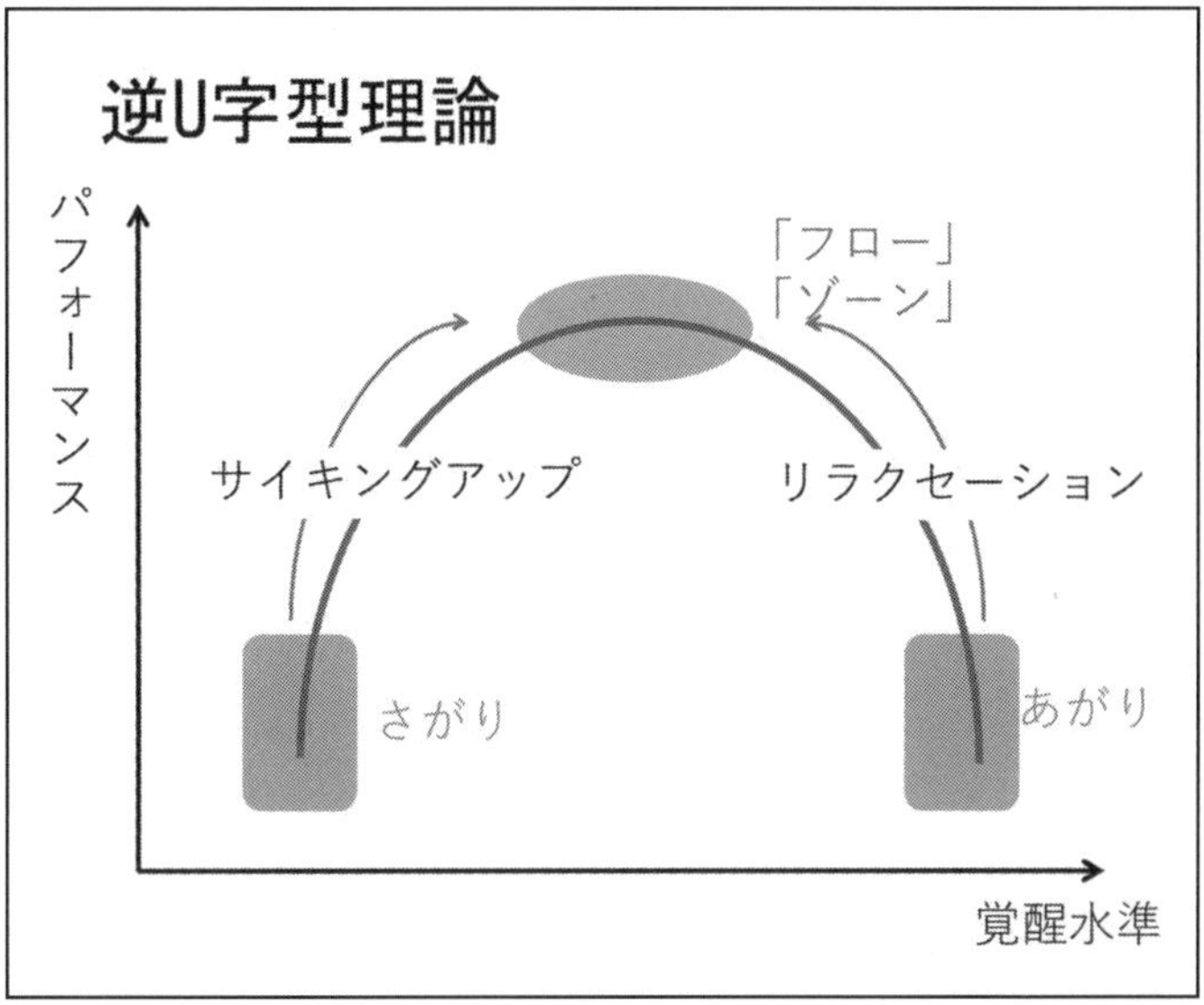

覚醒水準が高すぎてパフォーマンスを発揮できていない状態が「あがり」
覚醒水準が低すぎてパフォーマンスを発揮できていない状態が「さがり」
「あがり」を最適な状態にするのがリラクセーション
「さがり」を最適な状態にするのがサイキングアップ

◆呼吸と覚醒水準の関係 「あがり」と「さがり」

覚醒水準が高くなりすぎてパフォーマンスが発揮できていない状態。これが「あがり」です。

体が硬直してしまって普段通りにプレーできない状態です。そこでミスが生まれ、それを取り返そうとさらにあせりが生まれる。地に足がつかない、頭の中が真っ白になる、何が何だかわからないうちに試合が終わる。これがあがりの兆候です。

逆に覚醒水準が低すぎてパフォーマンス

が発揮できていない状態が「さがり」です。緊張感がない状態。集合は遅いし、アップもだらだら、試合前のミーティングもちゃんと聞いてない。

また怒られすぎて萎縮してしまったり、細かく注意されてしまってやる気が落ちている、というのも「さがり」です。

相手との実力差などでやる前からあきらめてしまっているという場合もあります。「あきらめ」は実力を発揮するのを阻害する最大の要因です。「あきらめ」についてはまた後ほど触れます。

「あがり」の状態から最適な覚醒水準に持って行くのが「リラクセーション」です。「あがり」の状態から緊張を和らげていくわけです。音楽を聴くなら気持ちを落ち着かせるスローテンポの曲を聴く。ただ最近では、アップテンポの曲でも例えばロックのような「規則正しい」重低音の音楽もリラクセーション効果があると言われています。

覚醒水準が高い時は速くて浅い呼吸になっています。いわゆる胸式呼吸です。例えば、大勢の人の前で話す時に早口になってしまうのは緊張して呼吸が速く・浅くなっているからです。

覚醒水準を下げるためには、ゆっくり、深い呼吸、腹式呼吸をすることです。いわゆる深呼吸をしてください。そのために**大事なのは、まず息を吐き切ること**です。長く息を吐けば吐くほど、

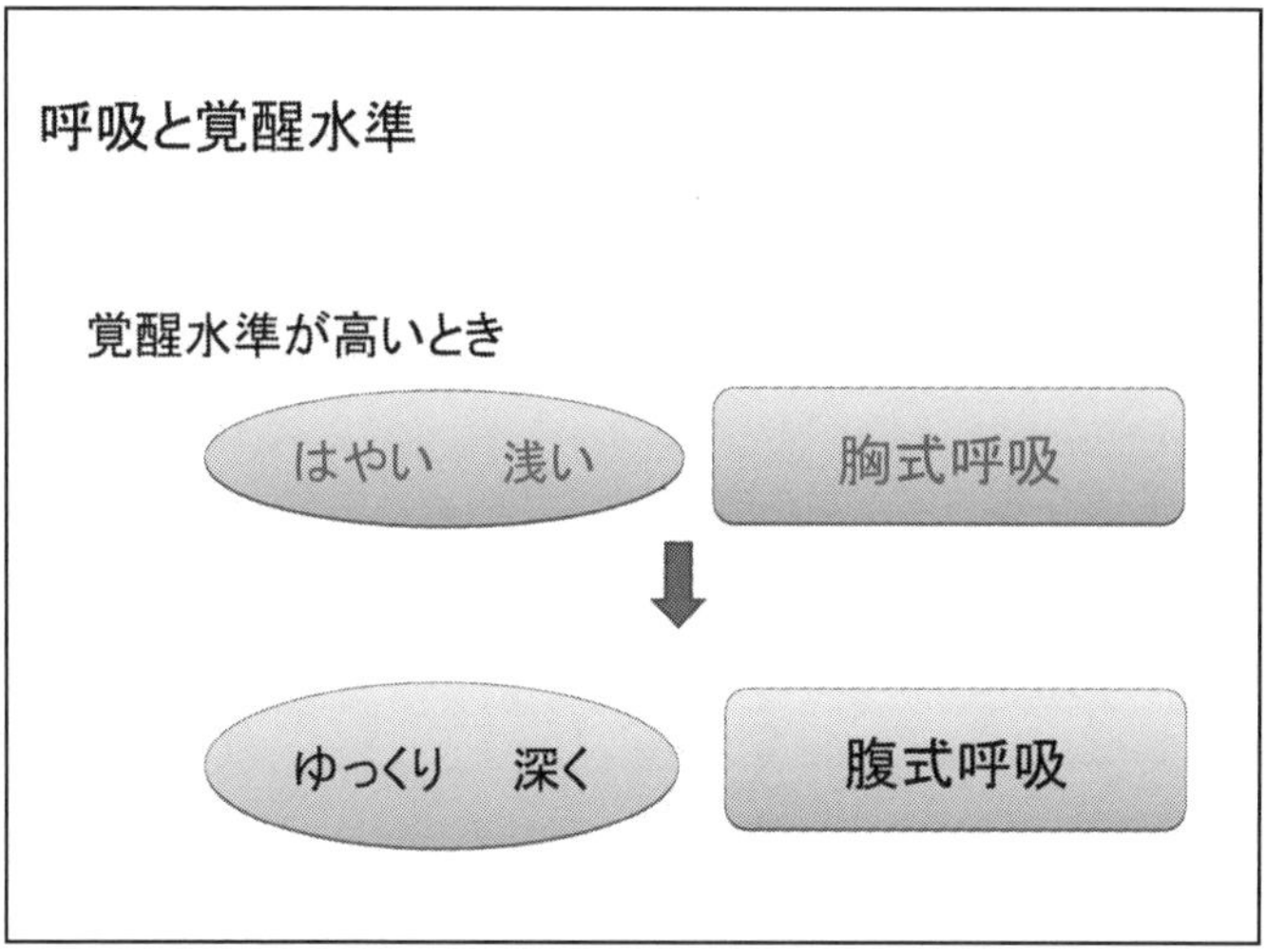

覚醒水準が高い時、呼吸は速くて浅い胸式呼吸になっているので
息を吐き切って、深い呼吸、腹式呼吸を行う

リラックス効果が得られます。

緊張しすぎて体が硬直しているのを柔らげる方法の例として挙げられるのが、一時期話題にもなった大相撲の琴奨菊関の「琴バウアー」です。

仕切って、下がって、塩をとってまいて、制限時間いっぱい。「ワーッ」と拍手が巻き起こった瞬間に、グーっと背中を伸ばしてそらす。体を伸ばすことで硬直をほぐすのです。これは琴奨菊関がスポーツ心理学者に相談して始めたことだそうです。

◆「リラックスしろ」「落ち着け」は逆効果

リラックスさせるためには先にも説明した**「守られている」という感覚を与えましょう。**安心しないと眠

リラックスさせる時はゆっくりと優しい口調で安心感を与える

れないのと同じです。「大丈夫だよ」「思い切っていけばいいよ」と声をかける。

または「ゆっくり深呼吸してみようか」「一回、大きく体を伸ばしてみようか」とリラックス効果を得られる行動を直接的にうながす。その時も**ゆっくりと、優しい口調**で諭すように、時には背中をさすったりして、身体的感覚に働きかけていく。泣きじゃくる子どもをなだめるようなイメージです。

「リラックスしよう」「落ち着こう」という声かけは逆効果です。言われれば言われるほど、「自分はリラックスできていない。落ち着いていない＝緊張している」という意識が生まれ、焦りが生じてしまいます。

サイキングアップの時は、口調はハッキリ、短く強めに
気持ちが昂るような言葉をかける

一方「さがり」の状態から最適な覚醒水準に持って行くアプローチが「サイキングアップ」です。リラクセーションとは反対にリズミカルな胸式呼吸を行います。**短く数回吸って、短く数回吐く。**またダッシュやジャンプなどで**心拍を上げる。**音楽を聴くならテンポの速い音楽を聴きます。

声かけの**口調もハッキリと短く強め**に「今日は調子いいね」「動きがいいね」「気合入ってるね」「よし、行ってこい！」と気持ちが昂《たかぶ》るようなものにします。

「勝つぞ」「勝とう」という結果を意識させるものよりも、「昨日の練習はすごく良かったから、それをイメージしてみようか」と**良いパフォーマンスを発揮するイメージを持たせます。**

また人間は未来をイメージする力があります。「勝ったら気持ちいいだろうね」「チーム全員、笑顔になるだろうね」「私（指導者）もとても楽しみだ」と気持ちを高めるために、良い結果が出た、**良いパフォーマンスを発揮できた先にあるもの、うれしい気持ちや楽しい光景をイメージ**させてあげるのもいいでしょう。その先に喜びがあるから人間は試合や練習を頑張れるわけですから、そこに働きかけていきましょう。

選手が「あがり」の状態なのか「さがり」の状態なのかを見極めた上で、「リラクセーション」か「サイキングアップ」を使いわけてください。

「さがり」の状態でリラックスさせたらもっと緊張はゆるんでいきますし、「あがり」の時にサイキングアップではさらに硬くなってしまいます。

◆「失敗したくない」という本能がブレーキをかける

マスローの欲求階層説というものがあります。

マスロ一の欲求階層説
(Maslow. A. H.)

①生理的欲求
②安全の欲求
③愛情・集団の欲求
④尊敬・承認の欲求
⑤自己実現の欲求

低次
↓
高次

「安全を確保したい」という欲求は出現しやすく
「失敗したくない」という心理に陥りやすい

①生理的欲求
②安全の欲求
③愛情・集団の欲求
④尊敬・承認の欲求
⑤自己実現の欲求

①から⑤へ行くにつれて高次になっていくというものです。それぞれの欲求が満たされて初めて次の段階の欲求へと進んでいきます。

生理的欲求は、食事をとる、水を飲む、睡眠をとる、という生きている限り感じる欲求です。ご飯を食べました、水も飲みました、ぐっすり眠れば、生理的欲求が満たされたら、②の安全の欲求へと進みます。

ここで言いたいのは、**人間の「安全を確保したい」**

という欲求は低次元のものであるため、出現しやすいということです。言い換えれば**「失敗したくない」というブレーキを自分で無意識的にかけてしまう**ものなのです。

無難に行こうとしてしまう。チャレンジを躊躇したがために試合を落とすというケースがこれです。実力を発揮したいという場合は意図的にアクセルを踏んで、「失敗したくない」というブレーキを外してあげることが必要になります。

安全の欲求は低次の欲求であるために、人間は守りに入りやすいということを知っておく必要があるでしょう。

◆打消しの言葉、命令の言葉は届かない

「今日は、雨が降らなかった」

この言葉から、どういったことをイメージされますか？　「晴れ」をイメージできましたか？

おそらく雨の方をイメージしたはずです。

人間というのは言葉の最後にある打消しの言葉にまで目がいきにくく、「雨が降ら」までしか

頭に入らないものなのです。

「今日は寒くない」と言ったら、暖かい日なのに「寒い」をイメージしてしまう。「今日は暖かい」と言えば「暖かい」をイメージするのです。

新幹線などでは、男性用の小便器などに、尿を当てる的やマークが描かれているのを目にします。「このマークを狙って用を足してください」という意味です。便器以外の場所を汚さないように誘導するための工夫です。人は的（目標）があると必ずそこに向けて行動しようとする習性を利用したものです。

実はトイレという場所は心理学の要素が活かされています。

「いつもきれいに使っていただきありがとうございます」

という張り紙をご覧になった方も多いと思います。

「汚すな」

という注意書きは最近ではあまり見たことがありません。なぜだかわかりますか？　人間は**命令されると心理的な反発を起こしやすい**ものなのです。また、**打消しの言葉を用いて説明すると、打消しでない意味で脳が理解してしまう**のです。

「ミスを恐れるな」ではなく「積極的にいこう」
「手を抜くな」ではなく「最後まで力を出し切ろう」

思い返してみてください。「このことは絶対人に言ったらダメだよ」と言われたら絶対に言いたくなるはずです。「見たらダメだよ」と言われれば見たくなるはずです。

これを指導に置き換えてみたら、「ミスを恐れるな」「手を抜くな」といった**打消しの形にしないこと**です。「ミスを恐れるな」ではなく「積極的にいこう」。「手を抜くな」ではなく「最後まで力を出し切ろう」という声掛けをしてください。

私が初めて担任のクラスを持った時に、同じ担任団の先生と「学年の目標をどうするか」を話し合ったことがありました。最初の会議で、ある先生は学年の目標を「留年しない」と発言されました。そのときに、私は「そのような目標だと絶対に留年する学生をだしてしまいますよ」と発言したことを覚えています。

ホームルームで目標として毎日「留年しない」と言う。学年集会の時にも「留年しない」。これだけ言われ続けると「留年」という言葉がインプットされます。「留年」をイメージするようになってしまうのです。これをゴーレム効果と言います。人に対して悪い印象を持って接することによって、その印象が良い印象を打ち消して悪い影響のほうが勝ってしまい、実際にその通りになってしまうことがあるのです。

例えば教師が生徒と接する際に、この生徒は成績の良くない生徒だと思いながら、この生徒に対して成績の上がる見込みがない期待度の低い状態で接すると、その期待通りに生徒の成績が下がってしまうのです。

生徒も「留年しないこと」「君は出来の悪い子だね」と言われ続けたら「自分は出来が悪い」と思い込んでしまいます。だから目標として毎日かかげるものは、よりポジティブなものにする必要があります。

他者から期待された通りの成果を出す傾向があるのですから、積極的にほめて自己肯定感を付けさせるように指導する。これをピグマリオン効果といって、人は他者から良い期待をかけられると、その通りの成果を出す傾向があるのです。

さきほども言いましたが、人間が**本能的にブレーキをかけてしまうのであれば、アクセルを踏むように、本能に働きかけましょう。**

「ミスをするな」と言ったらミスに意識がいってミスをする。だったら「慎重にいこうね」という言葉を使った方がいい。「高めのボールに手を出すな」と言ったら、高めを意識して高めに手を出してしまう。その時は「低めを狙っていこう」と言い方を変えましょう。

◆メンタルの四つの状態――ビビッている時はチャレンジしようとしている

スポーツ心理学者のジム・レーヤーがメンタルには四つの状態があると言っています。

①あきらめている時
②怒っている時
③ビビッている時
④チャレンジしている時

ジム・レーヤが唱える4つの状態

① あきらめているとき

② 怒っているとき

③ ビビッているとき

④ チャレンジしているとき

（↓ 好ましい状態）

実は「ビビっている時」というのは好ましい状態

①から④へと進むにつれて好ましい状態になっていきます。

一番よくないのが「あきらめている時」です。これが実力を発揮するのを阻害する最大要因です。

人は**「できない」と決めてしまったら絶対にできません。**実はこのあきらめてしまった時の負の力というのが強力で、例えば「もう歩きたくない」とグズりはじめた子どもを歩くように促すのは相当に骨が折れることです。その場からテコでも動かず、苦労された経験のある方も多いと思います。

「あきらめないことは人生で最も大切な才能である」とある女優さんのご著書のタイトルですが、最もだと思います。

指導者が「ビビるな！」怒っている時は
選手よりも心の状態が好ましくない

一番いいのが④の「チャレンジしている時」。

選手はどうしても安全を求めてブレーキをかけてしまうのですが、指導者は選手が自らアクセルを踏んで挑戦するような声掛けをしていかなければなりません。

その次にいいのが③の「ビビッている時」

「何をビビッているんだ」と言う指導者がいるのですが、状態としては二つ目にいい状態です。言い換えれば「何をビビッてるんだ!」「ビビるな!」と**指導者が「怒っている」時は、選手より心の状態が好ましくない**と言えます。この場合、指導者が選手の実力発揮の阻害要因となっていると考えることができます。

言い換えれば、**指導者が怒るのは、指導者自身がビビっているから**とも言えます。自分の指導してきたことに不安があり、この結果によって自分の評価が下がるから、選手にそれをぶつけているだけです。選手よりも指導者の方が状態が悪いとも言えます。**指導者が実力を発揮できないような要因を作っている**ということに気づいてください。

子どもの自我形成を阻害する大きな要因は、保護者や教員が自分のプライドを満たしたり、評価を上げるための道具のような形で子どもに接することです。その子は自分のためではなく、保護者や教員のために行動するようになってしまいます。

介入しすぎることもよくありません。今、どの種目を見ても保護者の応援、関わり方はすごいものです。両親そろって応援に駆け付け、ビデオにとって、プレーに口出しして指導に口を挟む……。その熱意の根底にあるものは何なのか、一度、見つめ直していただければと思います。

◆「やる気がないなら出ていけ」は指導者の甘え

指導の場で子どもに「やる気がないならここから出ていけ！」「もう帰れ！」と言ってしまっ

選手を練習から外す時は、フォローの声をかけて、
目が届く、手が届く場所にとどまらせる

たことはありませんか？　これが子どもの心をとても傷つけます。

　見捨てられ、関係を遮断され、守られた状態がなくなってしまうわけです。しかも実際に出ていったり、帰ったりしたらさらに怒られる。子どももどうしていいかわからず困ってしまいます。その前に何かすることがありませんか？

　例えば、言うことを聞かない、集中力を欠いている、練習に身が入らない、プレーがどうしても上手くいかずジレンマを感じている。そういう時は、そのまま続けても練習の効果はありませんから、一度、練習の輪から外すということも必要な時があります。

　ただその時も、練習場の外に出したり、家に帰したりせず、「あとで話を聞くから、今日は練習を外れて、そこで見ていなさい」と**フォローの声をかけて、指導者の目の届く、手の届く位置にとどまらせてください。**

「あなたを見捨てていないから」「あなたのことはちゃんと見ているから」ということがわかるようにして**「守られている」という感覚を保たせ続けてください。**そうやって、反省を促す、気持ちをリセットさせる、外から練習を見て自分のプレーを客観視させます。

さらに傷つくのが指導者が言う「私が出ていく」です。「こんなたるんだ練習をやるんだったら俺は帰る」という言葉です。あなたも身に覚えはありませんか？　これは見放されたという感覚に加え、指導を放棄し「練習が上手くいかないのは子どもたちのせい」という**無責任感が伝わります。**子どもたちにも「もういいよ」という**反発や自棄的な感覚が芽生えてしまいます。**これでは傷は埋まりません。

厳しい言い方になりますが、指導者側に「残ってくれる。とどまってくれる」「自分を引き留めてくれる」という子どもに対する甘えがあるのではないでしょうか？

チーム全体がどうにも浮ついて練習にならないという状態になったら、その場を放棄するのではなく、「今日の練習どう思う？　あまりやりたくないのかな？　それだったら今日はもう止めようか?」と、**相手の話を聞いた上で、自分の責任において**練習を終わらせてしまった方が、子どもたちに傷も残らず、次の練習につなげることができるでしょう。

話はもどりますが、ビビっているという状況は悪いことではなく、何かに挑戦しようとしているからビビっているのであって、体もその準備をしているのだということを理解してください。

◆セルフイメージを大きく

できないと勝手に決めつけていませんか? マイナスのことばかり考えていませんか? 負けたらどうしようと考えていませんか?

人間はセルフイメージ以上のものは発揮できません。だからセルフイメージをいかに大きくするかが大切になってきます。

セルフイメージとパフォーマンスの関係を見ていきます。

セルフイメージは自分が持つイメージ。それとパフォーマンスとの関係を見てみましょう。

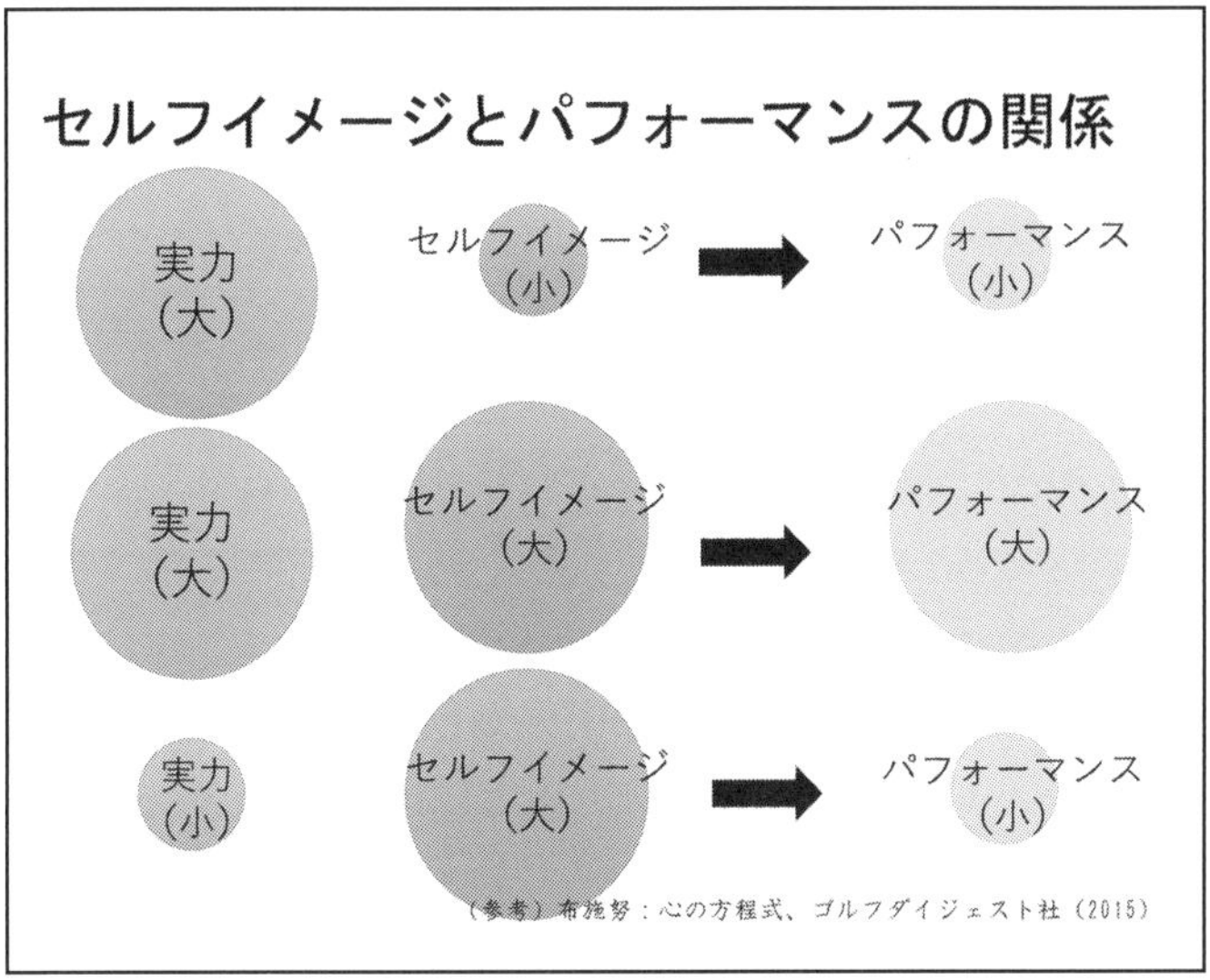

セルフイメージが大きいと実力に見合ったパフォーマンスになるが
セルフイメージが小さいと実力以下のパフォーマンスになってしまう

実力は大きくても、「私はこれだけしかできない」という風にセルフイメージが小さいと、パフォーマンスは小さくなります。

実力が大きくて、セルフイメージも大きいと、実力に見合ったパフォーマンスが出せます。実力が小さくても、セルフイメージが大きければ、小さいながらも実力どおりパフォーマンスを発揮することができます。

例えばトーナメントで3位に入賞するとイメージしたとします。すると準決勝までは3位になるために一生懸命力を発揮しますが、3位が確定したとたんに人が変わってしまったようなパフォーマンスになってしまいます。セルフイメージ以上のものが行動として発揮されない。気持ちが切れてしまった状態です。

練習で「ダッシュを10本やるぞ」と言われて、10本走り終わったら気持ちが切れませんか？「11本目を走れ」と言われて、最初と同じような気持ちを持って走れるでしょうか？　**セルフイメージをいかに大きく持つかが大事**なことなのです。

日本の場合、謙虚であることが美徳とされているので、どうしてもセルフイメージが小さくなってしまいがちです。少しでも大きなことを言うと、「大きなことを言うな」「生意気だ」となってしまう。

トップのアスリート、例えばボクシングの世界チャンピオンを見てください。本当は12ラウンド判定勝ちだと思っていても、記者会見では「1ラウンドでKO勝ちだ」と宣言したりします。私はこれをリップサービスや、虚勢を張っているのはなく、セルフイメージを大きくするための言葉だと考えます。

これに対して「えらそうなことを言うな」と言ってしまったら、彼のセルフイメージは小さくなってしまい、パフォーマンスも小さくなってしまいます。セルフイメージは大きくなければなりません。悪いことをして叱られているときに虚勢を張るのとはわけが違うことをお間違えのないようにしてください。

◆言い訳を用意するから失敗する

しかし人間はセルフイメージを大きく持つのを阻害する行動をとりがちです。

それをセルフハンディキャッピングと言います。**失敗が予想される状況下で、自分が失敗する可能性があることをあらかじめ周囲に表明しておく行為。**自尊心を守るために行なわれます。

「今日は調子が悪いから」「寝不足だから」と自分が失敗した時の理由を用意するわけです。ストレスマネジメント的に考えると悪いことではありません。

セルフハンディキャッピングがある場合とない場合を考えると、「ない」場合は言い訳を用意していませんから選手は「できる」と言います。でも失敗してしまった。すると「できるはずだったのに」と失敗に対して自尊心は低下します。

「ある」場合はどうでしょう。最初から「ダメだと思う」と言っている。やはり失敗する。そして「ほら言った通りだろ」ということで自尊心は低下しません。

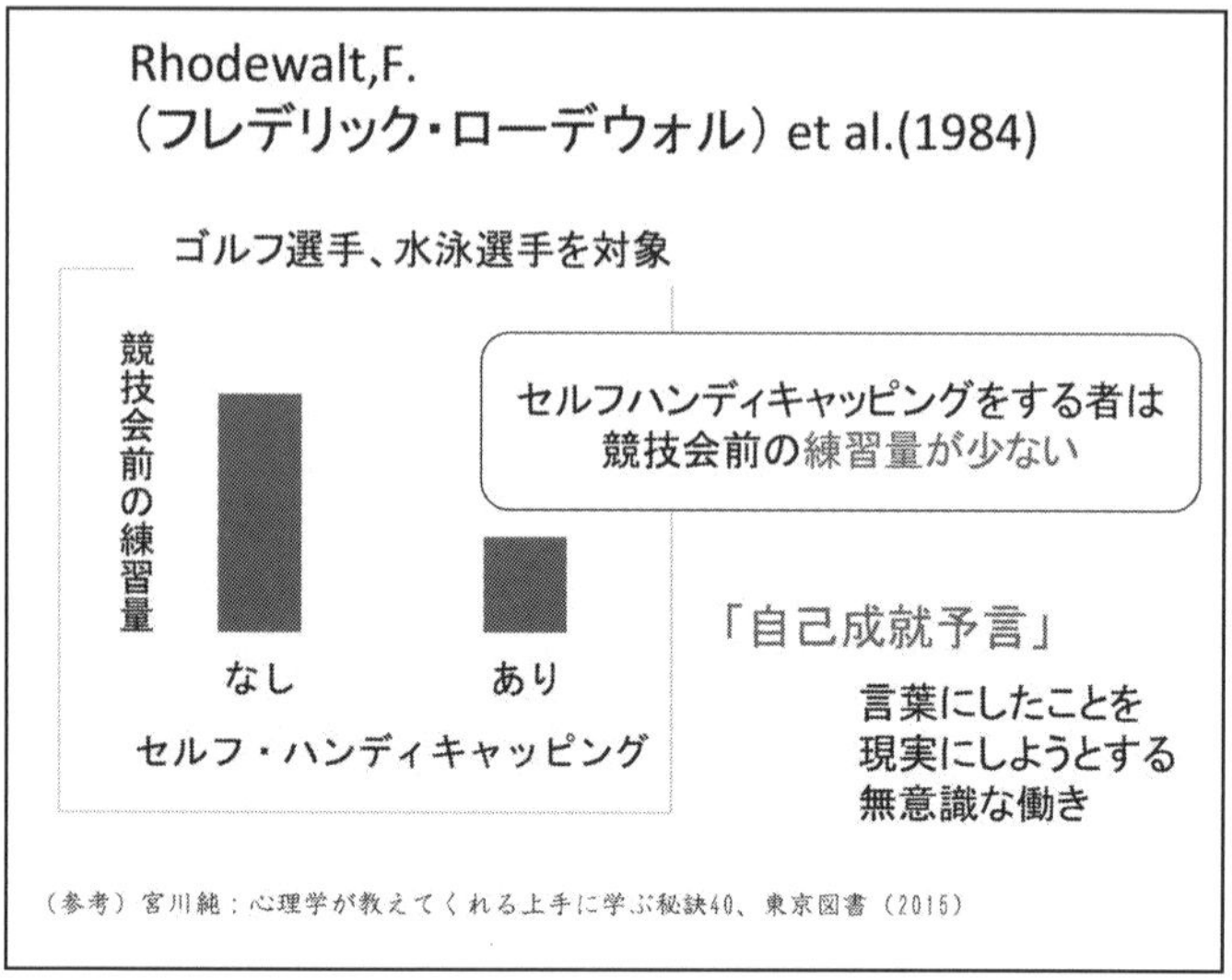

セルフハンディキャッピングをする者は練習量が少ない

フレデリック・ローデウォルの研究によると、セルフハンディキャッピングのあるなしで、競技前の練習量をみると、セルフハンディキャッピングをする者は競技前の練習量が少ないという結果が出ています。

セルフハンディキャッピングがパフォーマンスに影響する原因として、心理学的に考えられるのは自己成就予言です。人は**無意識のうちに自分の思い込みや固定観念に縛られ、その考えに沿った行動をしてしまう**事があるのです。もちろん、現実になる思い込みは否定的なことだけでなく、肯定的な思い込みをすることで、その思い込みが現実になることもあります。

「ミスするかもしれない」と言って試合に臨むと本当にミスをしてしまうように、無意識のうちにそうす

不安感やネガティブな気持ち、指導者のイライラ……
負の感情は伝染しやすく影響力も強い

るように働いてしまうのです。ですから試合前はポジティブな声かけを選手にしてもらいたいと思います。

◆指導者の負の感情は伝染する

またチームスポーツでは、誰かがネガティブな言葉を発すると、必ずチームに伝染します。これを心理学的には情動伝染と言います。一人の感情はまわりに伝染していくもので、もちろんポジティブな感情も伝染するのですが、不安感やネガティブな気持ち、**負の感情の方が伝染しやすく影響力も強くなります。**

練習や試合中でも、選手が「疲れた」「今日は調子が悪い」「あんな強い相手に勝てっこない」という弱気な発言をする。またチャンスを逃した時やミスをした時の、ため息や落ち込んでいる姿は一気に伝染していきます。もちろんこれは**選手だけでなく指導者本人も気を付ける必要があります。**

特にヒステリックな緊張感は感染力が強いです。思い浮かべてください。グループの中で誰か一人機嫌が悪い人がいる時の、その場の空気の悪さを……。気をつけてください。ベンチであなたがイライラしていたら、確実に選手たちに悪い影響を及ぼします。

またミスした選手に「ドンマイ、ドンマイ」「気にするな」と言えば言うほどミスや「気にしている」ことに対して意識が行ってしまうこともあります。

大切なのは起こったことではなく、これから起こることです。そちらに気持ちが向くように「気持ちを切り替えよう」「次のプレーに集中しよう」。「下を向くな」ではなく「顔を上げよう」と声をかけましょう。

また練習でミスをしたら罰として、「もう一回ノックを一からやり直し」「グラウンドを10周」というチームもありますが、やはりミス、そしてその先にある罰に意識が行ってしまうので、プレーに集中できず練習としては逆効果です。

◆「できない」と思ったら絶対にできない

私はここまでしかできないと思ったら、そこまでしかできないものです。

ご自分が子どもの頃に自転車の練習をした時のことを思い出してください。

初めて補助輪を外して自転車に乗る。「できない」と言っているうちは絶対にできません。

私はいまだに初めて自転車に乗れた時のことを覚えています。父親がずっと「父さんが支えているから大丈夫だ」と声をかけながら、自転車が倒れないように後ろで支えてくれていた。フッと後ろを見たら、父親がいない。「いない!?」と思った瞬間に転んでいました。「支えられていない、できない」ということが脳に入ってきた瞬間、転んでしまったわけです。

でも、「できない」けど親から「大丈夫、大丈夫」と声をかけられ、転んで膝をすりむいたりしながらも「乗れる」ということを夢見て、イメージし続け、チャレンジし続けたから皆さんは自転車に乗れるようになったのではないですか?

どこかで心が折れてあきらめてしまった人は一生自転車に乗ることはないです。一度も転ばずに自転車に乗れたという人はいないと思います。

イチロー選手はこう言っています。

「『できなくてもしょうがない』は終わってから思うことであって、途中にそれを思ったら絶対に達成することはできません」

例えば「僕たちまだ学生だからそれはできません」「僕たちの学校のレベルではできません」と、自分で勝手にセルフイメージを小さくしてしまっている生徒たちがいたとします。

そこで指導者が「君にはここまでしかできない」と言ってしまったら、選手たちが実力を発揮することを阻害する要因になってしまう。本当に実力に見合ったパフォーマンスを引き出したければ、「学生だから何？」「この学校だから何なの？」「もっとできるだろう」「もっとできるよ」と言ってセルフイメージを大きくしてあげてください。もちろん現実とかけ離れたレベルを要求するのは論外ですが。

その結果、失敗してもいいのです。**失敗を怖がって無意識にかけてしまっているブレーキを外してあげてください。それによって失敗から学ぶ機会を得られるのです。**

「失敗したからポジティブに」

「失敗したから笑ってごまかす」

ここを間違えないでください。失敗したからといって笑ってごまかしていたら全く成長しません。笑ってごまかしても何のプラスにもなりません。

私は選手にはたくさん失敗してほしい。それはチャレンジしたことの証です。失敗を恐れていたら学ぶことはできません。

闘牛、闘犬、闘鶏であれば、一度その相手に負けてしまったら、力関係が決定して二度と逆転できません。しかし人間は理性がありますから、次はどうすればうまくいくのかを考えてチャレンジしていくことができます。失敗から立ち直れるのは人間だけです。

失敗を恐れない、そして失敗から学ぶ、このアプローチをしていくこと。

◆「考える力」を身につけさせる問いかけ

セルフイメージのためには「考える力」を身につける必要があります。

「今日の調子はどう?」

「普通……」

「今日の練習どうだった?」

「別に……」

指導の場で、こんなやりとりはありませんでしたか?

これでは考える力はつきません。**考える力は筋肉と同じで、鍛えなければ衰退していきます。鍛えれば向上していきます。**

鍛えるためには、考えることを習慣づけなければなりません。そのためには問いかけというものが大切になってきます。


「普通」「別に」という答えが返ってきたら「普通ってどういうこと?」「別にというのはよくわからないから私にわかるように具体的に説明して」という形で、どんどん**掘り下げていく。**さらには「ほかに感想は?」「まだ感想はある?」と**選択肢を広げて**いって、自分が考えていることや思ったことを自分で理解し、どう説明をすれば相手に伝わるのかということを**どんどん考えさせていく**わけです。

質問を掘り下げ、選択肢を増やしていって
自分で考える姿勢を導き出す

また何か質問された時もすぐに答えを与えようとせず、質問で返します。すぐに答えを与えられる経験ばかりしていては自分で考える癖はつきません。

「どうすればいいですか？」と質問されたら「どこまでわかっている？」「どこまでできている？」「どうして知りたいと思うの？」「あなたはどうすればいいと思う？」と質問で返し、自分で考えることを習慣づけさせてください。

余計な時間と思われるかもしれませんが、**人を育てるには時間がかかるものです。大切な時間ですからそこで根負けしないことです。**

メンタルトレーニングのなかに、イメージトレーニングというものがあります。イメージする力というものは人からの働き方ではつきません。

自から考えようとしない限り変わっていきません。

◆想定外を想定する

人間、頭が真っ白になるとき、パニックになるのはどんな時だと思いますか？　それは想定外の事が起きたときです。そのため競技で力を発揮できなくなってしまったということが多いわけです。

そうならないために、全部を想定内にしていく必要があります。そのためには、試合の中で起こりうる、あらゆる事態をイメージしないといけません。全てを想定内にしておけばあわてずにすむわけです。

例えば、試合直前に急にお腹が痛くなりました。トイレにかけこみ、用を足しましたが、トイレットペーパーがありません。どうしますか？　もし、そうなったら頭が真っ白になるはずです。想定外です。トイレットペーパーがあるものだという思い込みで駆けこんでいるわけですから。

実は答えはありません。でも、そういうことがあるのだという前提で行動していかないと力は発揮していけません。最悪の状態を考えたうえで対策を練って準備していかないと力は発揮できません。

人間は本能的にネガティブになってしまう。失敗したくなくてブレーキをかけてしまう。だからこそ**意図的に全て逆のことをしていく。**

さきほど出ました『ドクターX』の主人公のキメ台詞は、

「私、失敗しないので」

彼女はセルフイメージを最大限にして、さらには最悪の状態を全て想定して準備しているから言い切れるわけです。ドラマのカンファレンスの場面をみていても、さまざまな状況の場合を想定し、私ならこうするとすべてに対して準備されていることが理解できると思います。これができていない状態を**「準備が足りない」**というわけです。**準備が足りないから不安になる。セルフハンディキャッピングをする。力が発揮できなくなる。だから失敗する**のです。

「自分はこれだけ準備をした、もう他にやることはない」と言い切れるところまでやったら思い切ってできるわけです。

より良いチームづくりに向けて　チームビルディング

◆チームビルディング　組織文化を作り変える

一つの目標を目指し、複数のメンバーが個々の能力を最大限に発揮しつつ一丸となって進んでいくための、行動科学や心理学を用いた効果的な組織づくりの手法を「チームビルディング」といいます。最近では企業だけでなく、プロスポーツチームや実業団・部活動などにも取り入れられています。

チームビルディングとは、ここまで説明してきた行動科学の知識や技法を用いて組織力を高め、外部環境への適応力を増したり、チームの生産性を向上させるような、一連の介入方略を総称したものです。
第三者がその組織に入って組織文化を作り変える過程とも言いかえることもできます。

具体的には

・リーダーシップの行動改善による方法
・チームの目標設定を通じた方法
・問題解決を通じた方法
・冒険、キャンプの要素を取り入れた方法……イベントや共同作業などを通じてメンバー相互の理解を深め結束力を高める。講習会、勉強会、合宿。長縄跳びや大掃除など。
・ソーシャルサポートを強化する方法……愚痴を聞く、慰めるなどストレスのケア、設備・道具の整備、情報・知識の共有、評価基準の提供など。

があります。

◆チームの誰しもが答えられる共通の目標はありますか？

まず「集団」という概念について理解する必要があります。皆さん「集団とは何ですか？」と聞かれてどのように答えますか？

社会心理学の広田君美教授の定義によると

①二人またはそれ以上の人々
②メンバー間の相互作用やコミュニケーションが存在する
③何らかの規範を共有
④地位や役割の関係が成立
⑤外部との境界を設定して一体感を維持

まず①二人またはそれ以上の人々ということになります。そこには②メンバー間の相互作用や

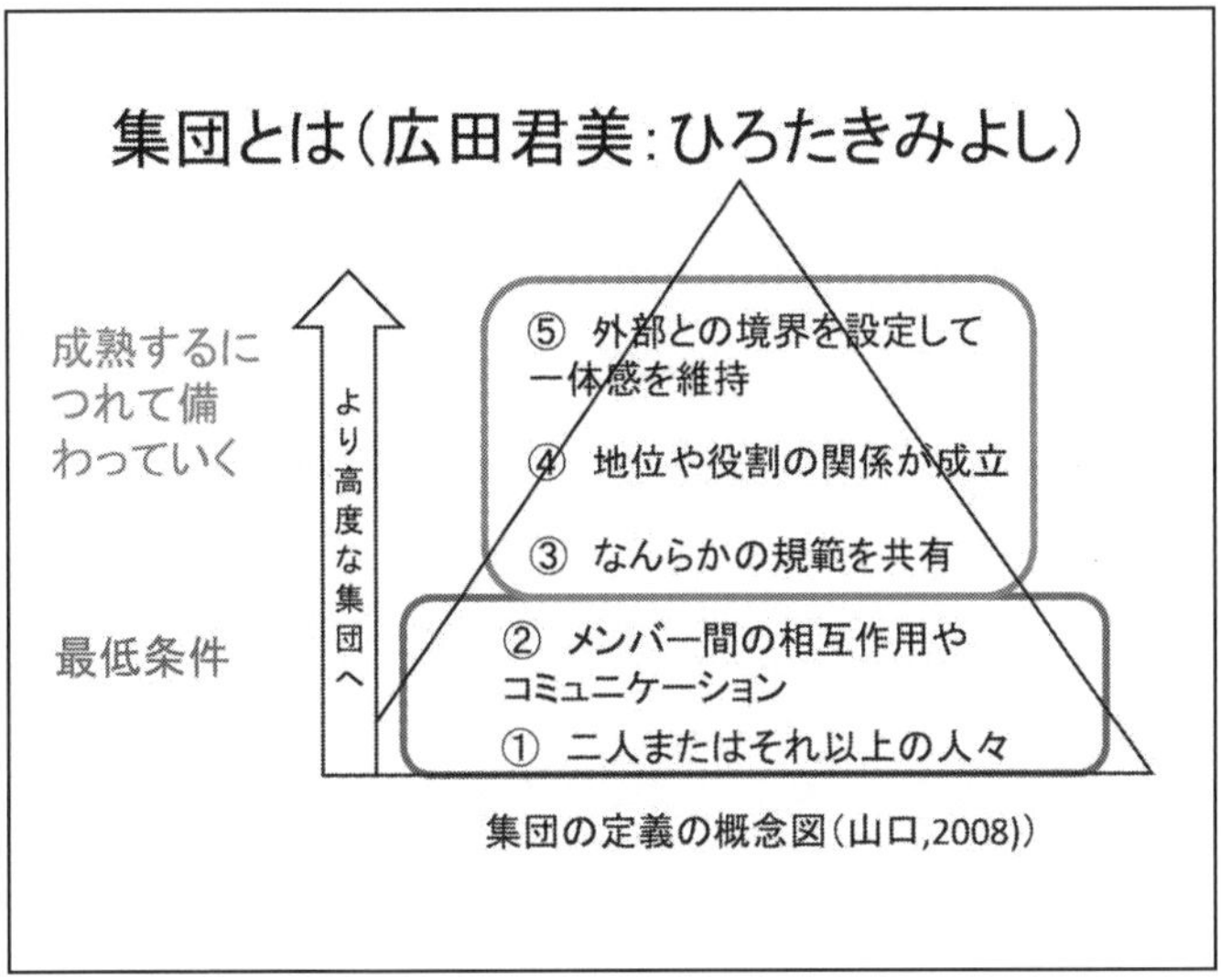

集団が成熟するにつれて規範や役割、一体感が備わっていく

コミュニケーションが存在します。

さらに③何らかの規範を共有し、④地位や役割の関係が成立し、⑤外部との境界を設定して一体感を維持しています。

集団が成熟するにつれて③④⑤が備わっていき、より高度な集団であると言えます。

集団の最低条件は①と②が成立していること。二人またはそれ以上の人々で、メンバー間の相互作用やコミュニケーションが存在していること。

Gathering

Group

Team

この三つの段階があるとも言われています。

Gatheringは、ただの人の集まり。群衆と訳されたりもします。そしてTeamが集団の最終形。最も成熟した集団です。この違いは何か。

それは**共通の目標の有無です。共通の目標があるのがチーム**です。皆さんが属している集団はチームと言えますか？　そこには本当に共通の目標がありますか？　チームの誰しもが答えられる目標でしょうか？

チームとして成熟させるためには共通の目標を作り、それを認知させていく必要があります。だから学校などに行けば、全員によく見えるところにクラスの目標を貼ってあったりするわけです。

Groupと呼ばれるものはTeamよりも目標の認識度が薄い。全てのグループがチームになるとは限りません。実はグループでとどまっている集団は多いです。チームになるための働きかけが必要になります。これをチームビルディングと言います。

ただ集まって何かをするというだけでは、厳密にはチームとは言えません。それだけではチームではなくギャザリング（gathering集まり・集合）という集合体です。例えば電車に多くの人が乗っていたり、イベントや買い物などで広場やデパートに大勢の人がいたとしても、それを心理学的には集団とは言いません。それは「集合」「群衆」と呼ばれます。

◆目標――役割、全体の統合、コミュニケーション、そして愛着

「集合・群衆」が「集団」になるためにはどのようなことが必要なのか。

メンバーに共通の目標がなければなりません。目標ができて向かう先が決まったら、役割が分化されると同時に全体として統合されていきます。さらに目標を達成するためにコミュニケーションと協力が発生します。

人は自分が属している集団に対して帰属意識が強いので、しだいに集団への魅力や愛着を感じるようになっていきます。この**「どこかに所属している」ということは安心感につながり**精神衛生上とても大切になってきます。

学校であったり、職場であったり……そういうものが無くなると人は精神的に不安定になっていくものです。これは人間必ず誰しもが持っているものです。定年退職で仕事をやめた人が、今度は趣味や自治体のグループに参加していこうとするのは当然のことです。これは、前述のマスローの欲求階層説で説明できます。2番目の「安全の欲求」が満たされたら、「どこかに属したい」

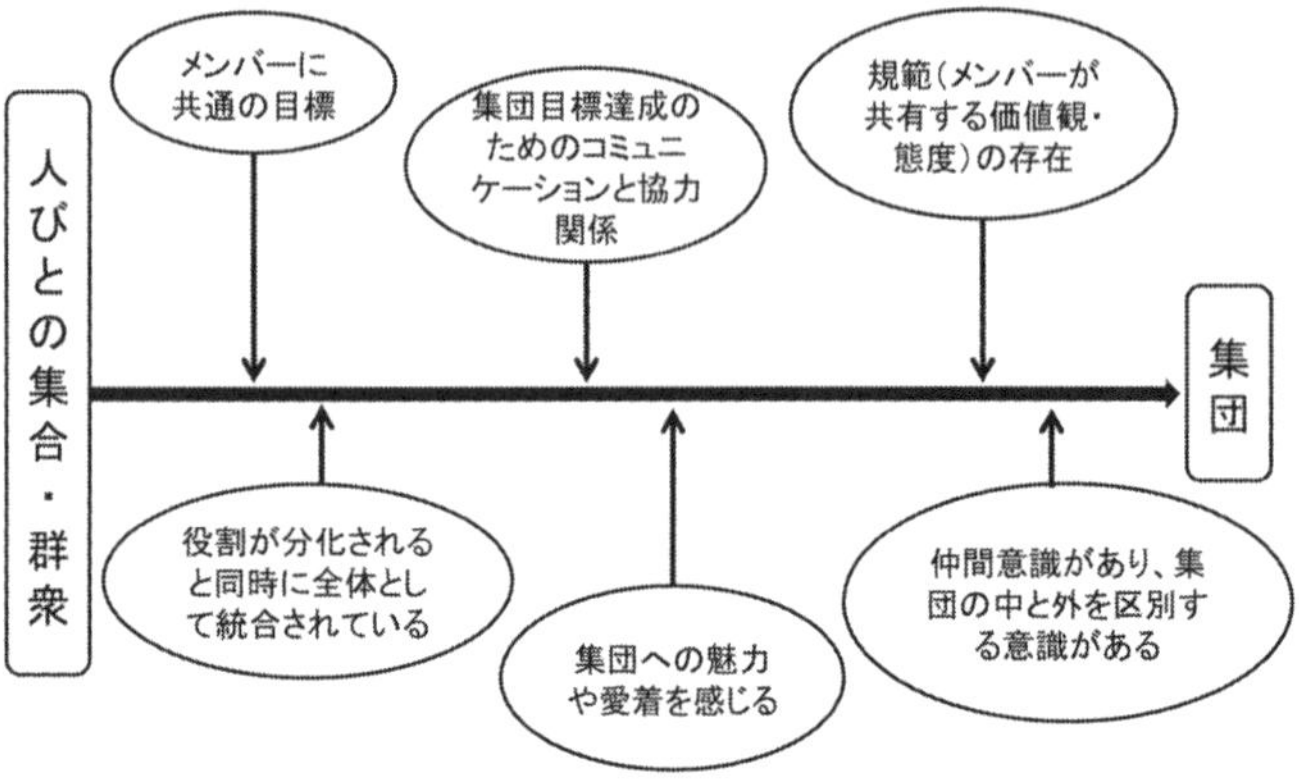

集団の特性(山口,1994)

という欲求が発現します。そして、それが満たされたら、4番目の「人から承認されたい」という欲求が強くなります。

さて集団というものの中には必ず有形無形の規範、ルールが生まれます。暗黙のルールと言われるものもそれにあたります。これは**メンバーが共有する価値観・態度**とも言えるでしょう。

やがて仲間意識が生まれ、集団の中と外を区別する意識が生まれてきます。**「このチーム」「この会社」ではなく「うちの」というような呼び方**がそれにあたるのかもしれません。

◆目標を設定するとパフォーマンスが上がる

単なる集合とチームを分けるものは目標の有無と言いました。ではなぜ目標が必要なのか？

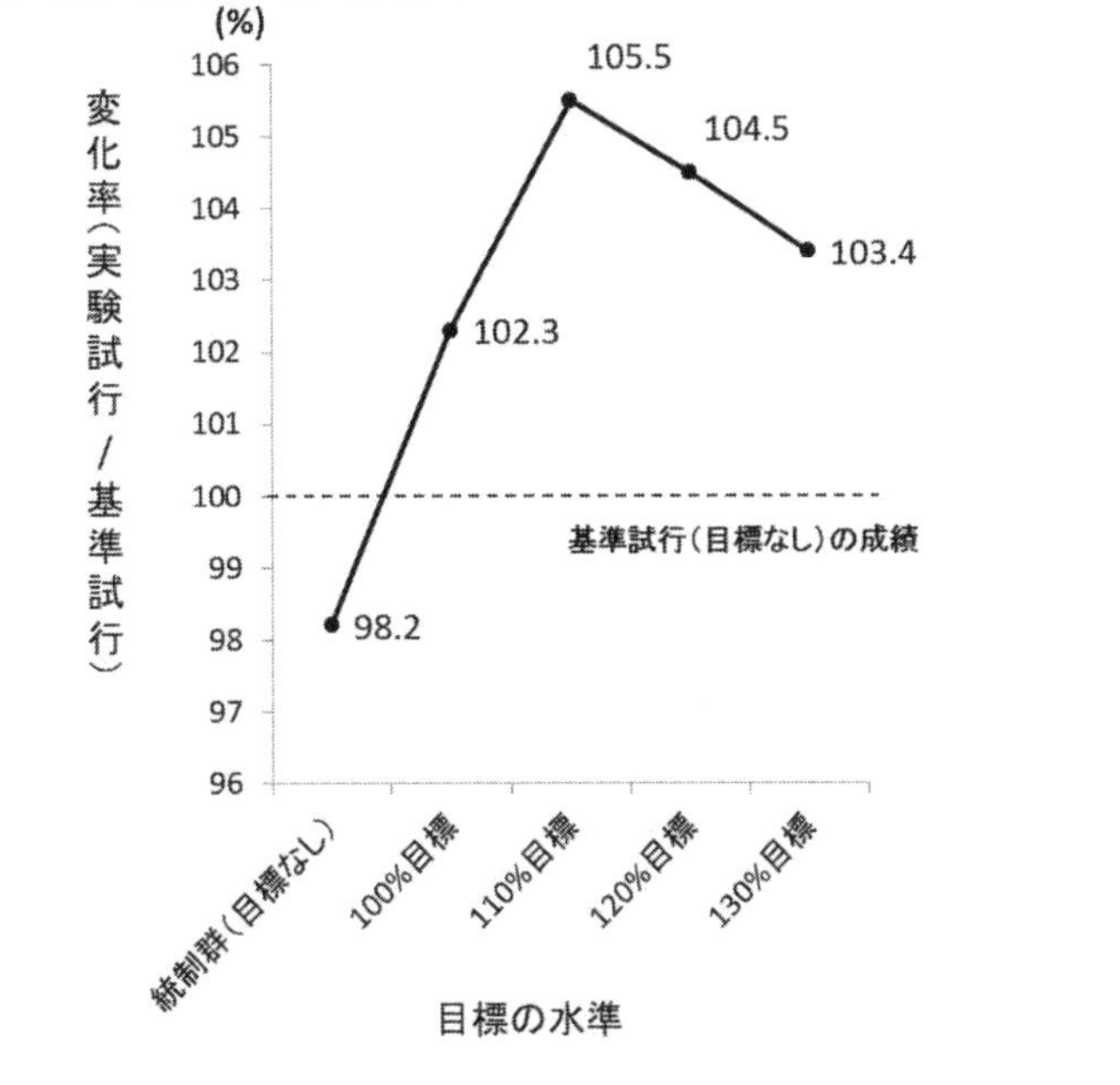

立ち幅とびの成績に及ぼす目標の効果（杉原・海野,1976）

ここに挙げた表は立ち幅跳びのテストの結果を表したものです。

1回目は何も指示を出さずに普通に跳んでもらいました。2メートル跳んだとしましょう。

2回目は「1回目の記録である2メートル（これが100%の目標：1回目の跳躍距離に対する割合を意味する）」という具体的な目標を設定しました。すると2メートルをクリアします（100%の目標の場合、1回目に比べ102.3%発揮された。しかし、目標のない場合は1回目に比べ98.2%の発揮ですから、1回目の2メートルはより低値を示し、目標が必要であることを示しています）。

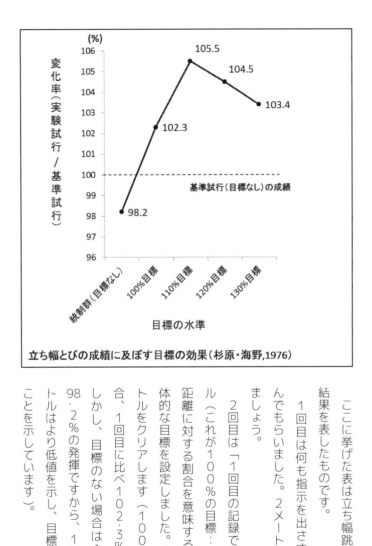

さら少しずつ目標を上げていくとグラフのようなパフォーマンスが見られました。

人は目標を設定すると、それを達成しようとパフォーマンスが上がっていくものなのです。力の１００％をと言われるとそれほどでもありませんが、１１０％と言われると、さらに上がっています。それ以上になるとパフォーマンスは下がっていきます。**１１０％が最適な設定**になります。これを目安にタイム・距離、また回数・負荷など、数値化できるものは目標として設定しやすくなります。

◆目標を設定すると、なぜ人間は頑張るのか

理想とする**目標を設定することで人は現状とのギャップを認識します。**ギャップを感じるとそこには必ず緊張が生まれます。その緊張をなんとか解消したいと感じるのが人間です。その解消しようとする行為がギャップを埋めていくわけです。

例えば練習でランニングをやるとする。気の利いた選手ならまず「何キロ走るんですか？」「何分走るんですか？」と聞いてきます。つまりゴール、終わりを見ている。知りたいわけです。

「終わり」という目標が見えるから人は頑張れる

そこで「とりあえず走りなさい」と言ったらどうでしょう。必ず不満が出るはずです。ブツブツ言いながら走る選手もいれば、口には出さなくても不満そうな顔をして走っているはずです。目標が見えないことには、埋めるべきギャップもわからず、それがストレスになるからです。

ある程度走ったところで「はい、あと1周」とか「あと3分」と言ってみてください。心理的には「終わりが見えた」「もうすぐ終わる」となり、急に走りが変わります。

私の専門の柔道でも、乱取りの稽古などで「ラスト1本」と言うと「どこにそんな元気が残ってたんだ」というくらいに動きが変わる光景を目にすることが少なくありません。

終わりという目標が見えてきた時、人はそれ

を埋めようとして頑張るからです。

◆目標設定の5原則

目標設定の原則ですが、5つあります。

①現実で挑戦的な目標を設定する。主観的な成功確率が50％くらいの目標が最適
②抽象的でなく具体的な目標を設定する
③長期目標と短期目標を設定する
④チームの目標だけでなく個人目標も重視する
⑤結果目標だけでなくプレー目標も重視する

①現実で挑戦的な目標を設定する。主観的な成功確率が50％くらいの目標が最適

例えば10回そのプレーにトライして5回は成功するが5回は失敗する、というくらいの目標を

与えてあげてください。

「輪投げの成功」という実験があります。

小学生を集めて輪投げをしてもらいます。様々な距離から投げてもらいます。投げる前にどのくらいの確率で成功するかを聞いたうえで、一定時間自由に輪投げをさせて観察します。

そうすると、最も簡単だと思う距離（達成確率が高い）、最も難しいと思う距離（達成確率が低い）から投げられた回数が一番少ないという結果が出ます。

では投げられた回数で一番多かったのはどのくらいの確率でしょうか？　それは「50％の成功確率」と思われていた距離からです。

その後、距離ごとにグループに分けて競争をさせました。その際も「50％の成功確率」のチームの結束力が一番高かったという結果でした。

つまり「確実に成功する」「まず失敗する」とわかっている目標よりも「50％ほど成功するかもしれない」という目標においてモチベーションが高まるということです。大切なのが主観的な確率。本人がそう感じる目標です。

何か指示を出すときや、目標を設定する際にも「適度な難易度」を頭に入れましょう。練習試合であれば対戦して勝率が5割くらいの相手です。

人は確率が半々の時が一番モチベーションが上がります。１００％成功するものに対してはやはり手を抜くものです。逆に難しすぎると「どうせ無理だよ」と無気力になってしまう。モチベーションを長く維持するためには成功確率50％くらいが最適です。

それを踏まえた上で、時には**自信をつけさせるために80〜90％成功する目標**にしたり、**自信を失わせて基礎からやりなおさせたいような時は10〜20％の目標**にチャレンジさせたりという使い分けも必要かと思います。

②抽象的でなく具体的な目標を設定する

「私は一生懸命頑張る」では抽象的な目標になってしまいます。「一生懸命」の基準は指導者と、選手とでは違います。プレーがうまくできなかった、試合に負けた。でも「一生懸命頑張りました」から目標を達成しましたということでは、課題も改善点も自覚できませんし、評価のしようがありません。つまりフィードバックができないのです。

例えば体重計に乗らずにダイエットに成功する人はいません。ダイエットを指導する栄養士が必ず毎日体重を測らせ、体重の増減のグラフを書かせて、客観視できるようにします。

また**フィードバックというのは、言い換えれば努力したことに対する見返り**になり、モチベーションにつながります。運動をして、食生活に気をつけて、体重計に乗ったら、少し体重が減っていた。それを見て、また頑張ることができるわけです。

一生懸命という基準は曖昧で達成できたどうかに客観性がありません。数字・記録などの具体的な目標を作っておくことが大事です。

③長期目標と短期目標を設定する

目標を設定する場合は最終目標から設定してください。そこから逆算して一年後の目標、半年後、三か月後、一か月後、一週間後、明日と目標を決めていきます。

よく間違えるのは今日の目標から作ってしまうことです。そうすると目標を足し算にしていくことになる。これが大変です。途中でネタがつきてしまうのです。**最後を決めてそこから引き算をしていく方が段階ごとの目標は決めやすい**ものです。

例えば旅行の計画を立てる時。皆さん必ずどこへ行くかという目的地から決めるはずです。そこから宿泊施設、交通手段、出発時間、用意するものと逆算して決めていっているはずです。持って行くものや出発時間から決める人はいないはずです。

長期目標とは、理想目標、最終目標、夢や憧れで、遠い未来を指しています。

短期目標は、日常の練習と直結目標を指し、達成していくことで有能感が高まります。

中期目標とは、長期目標と短期目標をつなぐ数年間の見通しのことを指します。

ここで、重要なことは、目標設定する際には、前述のとおり、長期目標から設定していきますが、**長期目標だけでは不十分で、短期目標は欠かすことのできないもの**です。なぜならば、長期目標は、達成できたかを評価するのに時間がかかるため、モチベーションの維持が難しいものだからです。

しかし、短期目標は、フィードバックを早期に得ることができるため、達成感や満足感を早く味わうことができ、長期目標に対するモチベーションが維持しやすくなります。以上のことから、長期目標に結びつくような短期目標を段階的に設定することが重要となります。

④チームの目標だけでなく個人目標も重視する

そしてチームの目標を踏まえた上で、それを達成するために練習の前に、個々の目標・テーマを問いかけます。さらに練習の後に良かったところや反省点を聞くと効果的です。口頭ではなく、紙に書いて提出するという形式をとると、より目標を強く意識するようになります。

私はその日の目標をホワイトボードに書いてもらっていました。私が練習に遅れることがあっても、それを見ればこの選手は何を目標にしているかわかりますし、どこにアドバイスしてあげればいいのかがわかりやすくなります。そうやって**目標を可視化する**ことは選手にとっても指導者にとっても効果的です。

⑤結果目標だけでなくプレー目標も重視する

これは**「過程を重視する」と置き換えてもいい**でしょう。

例えば「全国大会出場」といった結果を目標に掲げることはありません。

1回戦で負けたりすれば、そこでチームの目標が無くなってしまいます。また「何回戦突破」では、まだ残りの試合がある段階で目標を達成してしまったことになってしまいます。

優勝という目標でもいいのですが、**それを達成するために具体的な方法論を考える**ことです。それが過程としての目標になります。

受験などでも同じです。「●●大学合格」それはそれで素晴らしい目標ですが、その目標を達成するためにどの教科をどれだけ勉強するのかという過程を目標としなければ学力は上がりません。

目標を達成するために具体的な方法論を考えよう

スポーツでも
「大会までにこの練習メニューをこれだけ消化する」

「練習試合を何試合行う」

「1日何百回素振りをする」

といった「過程」の要素を掲げていく方が、目指すところがわかりやすくなります。

「笑顔でプレーする」「基本に忠実に」といったことや、生活習慣に関わる「みんなが大きな声で挨拶をする」「時間を守る」といったことでもチームとしての立派な目標になります。

◆結果だけを重視すると敵意が生まれる

結果だけで判断するようになると、勝っている時や調子がいい時、自分の能力が高いと思っている時はいいのですが、その逆のケースになった時に必ず無力感を覚えます。

そしてもう一つ。**結果だけをチームの目標に設定すると、必ず人に対する敵意を持つ**ようになります。

結果と過程の決定的な違いが何だかわかりますか？

結果と言われるものは自分だけではコントロールできないものです。対戦相手やチームメイトといった他人によって左右されてしまうものです。

例えば自己新記録を出したとしても、優勝という目標を掲げていたら、他の選手に記録を上回られたら目標は達成できません。また集団で結果を目標にした場合、「〜〜が足を引っ張った」「〜〜がミスをした」と人間関係がギスギスし始めます。他人に敵意を持つようになるわけです。

これが組織において怖いところなのです。本書の冒頭で説明したように、人は優劣をつける、相手に勝つことに価値を求める生き物だからです。

◆関係の質を高める　組織で成果を出すための成功循環モデル

マサチューセッツ工科大学のダニエル・キム教授が提唱した、組織の成功循環モデルについて説明します。

①関係の質
←
②思考の質
←
③行動の質
←
④結果の質

良い循環から説明すると、①のお互いが尊重しあうと、組織の関係の質が高まり、②のお互いの考えが共有され、当事者意識が高まり、③の自発的な行動になり、④結果が導かれ、さらに①のお互いの関係の質が高まるというものです。組織において、人間関係の重要性を説いています。

悪い循環を考えてみると、「結果」を求めて始めてしまうと、④の結果の質からのスタートとなります。結果を残せているときはいいですが、残せないでいると、①の関係の質は悪くなり、対立もあるでしょう。そうなると、②の思考では、消極的な思考が強くなるでしょう。考えが消極的ですから、③の行動は、消極的であることはいうまでもありません。そうすると、④の結果は出るはずがありません。そして、責任のなすりつけあいになったりで、人間関係はさらに悪化するというサイクルになってしまいます。

◆相手の価値観を理解する

また組織でハラスメントがあった場合、多くの組織では講習会や勉強会を行い、何をすればハラスメントになるのかを指導したり、ハラスメントを防止するためのルールや監視体制を作ろうとしてしまいます。

これは①の関係の質からではなく、②の思考の質、③の行動の質から変えようとしていることになります。これでは本質的な改善にはつながりません。

ハラスメントというものは、相手に対する敬意や尊重する気持ちを欠いている、つまり、関係の質が低いから起きるわけです。

先にも書きましたが、出来事には何の色もついていません。人の心を左右するのは出来事ではなくて受け取り方です。本人がハラスメントだと思っていなくても、受け止める側がハラスメントだと感じることもあるのです。相手の価値観を理解していれば、「これをしたら、こんなことを言ったら、この人はどう思うだろうか」ということは察することができるはずです。

また信頼関係がしっかりと構築されていれば、例えばレベルアップのための負荷の強いトレーニングを設定したり、ハッパをかけたり気合を入れるための強めの口調や、「叱る」という行為も受け止められるのではないでしょうか?

日常生活において、また競技場面において、指導場面においても、結果や具体的な思考・行動（手法）をすぐに求めてしまいがちです。ダニエル・キム教授の組織の成功循環モデルから、**お互い**

の関係の質を向上させていくことが、最優先課題ということを忘れてはなりません。

◆集団発達のモデル　対立・葛藤をいかにクリアするか

集団には5段階の発達モデルがあります。

形成期（Forming）

メンバーの意識が希薄。
集団の目的や役割分担が不明確。
リーダーが提供する情報と指示に依存している。

騒乱期（Storming）

目的の優先順位や役割分担に関する意見をするようになり対立・葛藤が生まれる。
うまく解決できなければ集団の存続が危うくなる。

規範期（Norming）

集団内の役割分担と規範の確立。

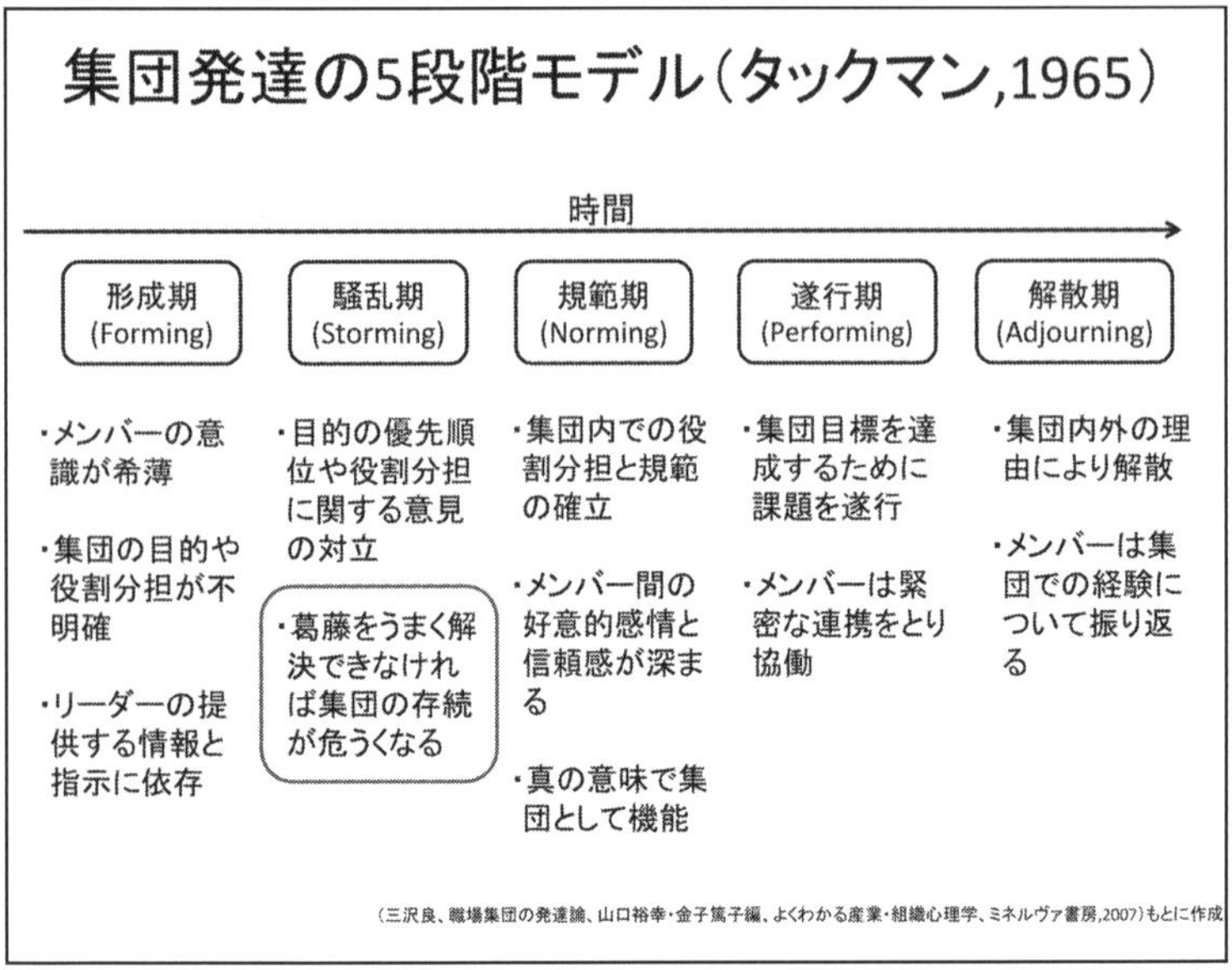
集団発達の5段階モデル（タックマン,1965）
時間
形成期 (Forming)
騒乱期 (Storming)
規範期 (Norming)
遂行期 (Performing)
解散期 (Adjourning)
・メンバーの意識が希薄
・集団の目的や役割分担が不明確
・リーダーの提供する情報と指示に依存
・目的の優先順位や役割分担に関する意見の対立
・葛藤をうまく解決できなければ集団の存続が危うくなる
・集団内での役割分担と規範の確立
・メンバー間の好意的感情と信頼感が深まる
・真の意味で集団として機能
・集団目標を達成するために課題を遂行
・メンバーは緊密な連携をとり協働
・集団内外の理由により解散
・メンバーは集団での経験について振り返る
（三沢良、職場集団の発達論、山口裕幸・金子篤子編、よくわかる産業・組織心理学、ミネルヴァ書房,2007）もとに作成

相手の考えを受け入れ、メンバー間の好意的感情と信頼感が高まる。

遂行期（Performing）

集団目標を達成するために課題を遂行。

メンバーは緊密な連携を取り協働。

解散期（Adjourning）

時間的な制約、事態の急変、目的の達成等の理由により解散。

メンバーは集団での経験を振り返る。

チームは形成されただけでは機能し始めることはありません。チームを形成していくプロセスには5段階あり、チームは形成後、混乱を経て、機能するようになります。

意見の対立を避けて各メンバーが自由に意見を

発している状態であれば、チームは統一されず、機能しません。チーム作りに**重要なことは、騒乱期を避けずに如何に早く通過し、統一していくか**です。

騒乱期の対立・葛藤をないがしろにしてチーム作りを推し進めてしまうと、これが最後に大きな亀裂となり痛手になります。最初のチーム作りの段階で、この葛藤に対していかにメンバーの意見を聞き出し、落としどころを見つけるかです。

そのためにはコミュニケーションしかありません。一人一人違う価値観を持った人間が集まっているわけですから、リーダーが力任せにまとめたところでバラバラになります。

時間は待ってはくれず、時間が進むにつれてこの「葛藤」という亀裂が大きくなっていきます。

◆チームワークの定義　ゼロの人を作らない

チームワークとは、チームメンバーが目標を達成するために、精神的にも技術的にも協同する動作のことを言います。集団凝集性とも言われ、その**集団に人をとどめさせる力の強さ**です。人がどんどん辞めていく組織というのは集団凝集性が低い組織ということです。

「えっ？」と思うような組織なのに人が辞めない組織もあります。これは集団凝集性の高さです。みんなその組織にいることが好きだという組織です。

チームが発達していく段階で、目的の優先順位や役割分担に関する対立・葛藤が生まれる時期がきます。そこで**皆が参加意識を持ち、意見を発して問題を解決していくことでチームは発展**していきます。これを「協働」といいます。チームワークと言い換えてもいいでしょう。

例えば会議などで、意見を言わずに黙ったままの人がいます。その人は「黙っているから迷惑をかけていない」と考えるかもしれませんが、チームにとってはそれが一番のマイナスです。

チームは掛け算です。０の人を作らないこと。集団とは足し算ではなく掛け算のようなものです。０の人を作ってしまうと掛け算は０にしかなりません。お城の石垣と同じように隙間を埋めるどんな小さな石であってもそれは０ではありません。０の人を作らないようにするために、リーダーが意見や参加意識を引き出していく必要があります。

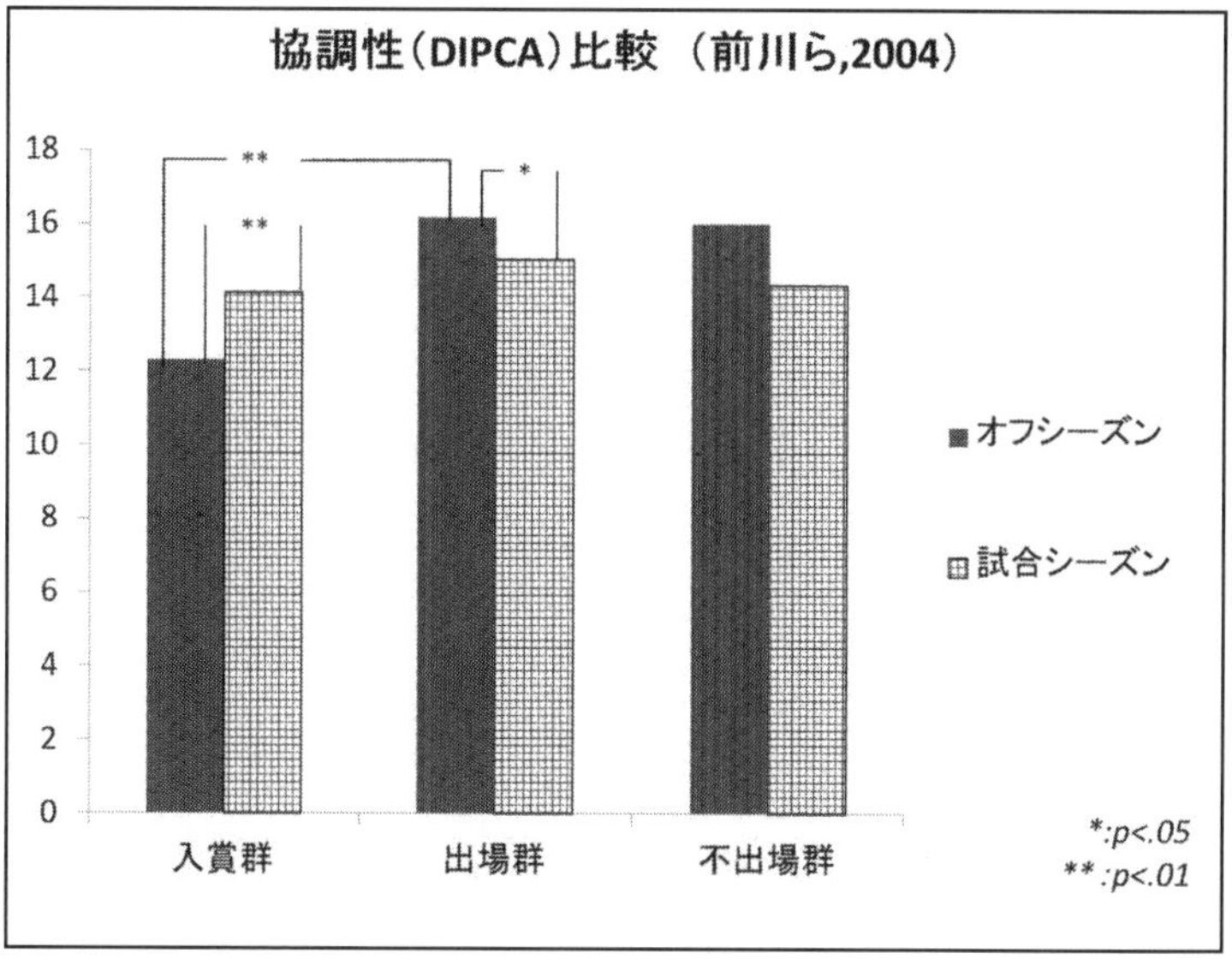

強いチームほど試合シーズンになると協調性が高まる
p<.05 = 5%水準の有意差（統計学的な差）、p<.01 = 1%水準の有意差

◆チーム内の競争が高まると協調性も高まる

DIPCA（心理的競技能力診断検査）と言って、心理的競技能力（通称、精神力）を12の内容（忍耐力・闘争心・自己実現意欲・勝利意欲・リラックス能力・集中力・自己コントロール能力・自信・決断力・予測力・判断力・協調性）に分けて判断する検査があります。

その中で協調性についてみてみます。強いチーム、つまり大会などでの入賞校のデータを見ると、**強いチームはオフシーズンは協調性が低いのですが、試合シーズンになると協調性が**

上がります。それ以外のチームは試合シーズンになると下がるものです。

これは何を示しているかというと、強いチームというのはオフの時は、試合に出るために競争が激しくなるのです。強くないチームの時ほどオフの時はみんな仲良しなものです。

先程説明した五つの目標原則にしたがい、しっかりと目標を設定した場合、チームの目標達成のために、個々がレベルアップを競う。そうやって各自がベストを尽くし、本当に**心から競争することで、相手のいいところ、悪いところの理解も深まり、相手を認める気持ちが生まれます。**そのため、オフシーズンの競争は激しくても、いざ試合になった時にはチームとしての目標を達成するために協調性が高くなるのです。

また強いチームほどレギュラーでない選手、ベンチ外の選手のモチベーションが高いというのも特徴です。プロ野球でも二軍が強ければ、一軍の選手はいつ取って変わられるかわからないわけですから、練習も手を抜きませんし、試合に出続けようと頑張るわけです。それが「選手層の厚み」と言われるものです。

強いチームは選手を盛り立てる声がベンチからもよく出ていますし、外から見た試合の状況、相手チームの情報などもどんどん伝えています。

◆「ほめて伸ばす」ではなく「努力・事実を認める」

メンバーの意識を高めるために必要なのが「競争」なのですが、これは強い弱いを争ったり、技を競うということだけではありません。

人が声をかけられて一番うれしい言葉は何だかわかりますか？

「速いね」

「上手いね」

「強いね」

と言った能力をほめる言葉ではありません。

「頑張っているね」

「休まず練習にきているね」

「先週より上手く出来るようになったね」

「前よりも記録が伸びているね」

という、**行動や事実を認める言葉**です。つまり結果を見てかける言葉ではなく、**過程を見てかける言葉**です。

「ほめて人を伸ばす」と言われますが、これはほめているのではなく、その人が努力している事実を認めてあげているのです。心理学的に言うと「承認欲求を満たす」わけです。

結果の承認となると、認められるためにはある一定以上の条件を満たさない限り、認めてもらうことができません。たとえ条件を満たせなくてもその人なりに努力したこと、進歩・成長した点があるはずです。それがどんな小さなことであっても、目の前にある「事実」として伝えてあげる。これを事実承認と言います。**事実を認めるためには、その人のことをよく観察しないとできないこと**です。そのため認めてもらった人も「自分のことを気にかけてもらっている」と感じることができます。

「今日一番に練習にきた」

「一番最初に道具の用意をした。掃除やグランド整備にとりかかった」

「集合の声をかけたら一番にやってきた」

選手を日々よく観察し、行動や事実を認める言葉をかける

そういった日々の練習の中で、どんなに小さなことでもいいので「一番」をいかに細かく見てあげるかということです。いろいろな視点での一番を作るのです。何かしらの一番になることが、その人のチーム内での居場所を作ることになります。

人は自分では能力と努力の区別ができないこともあります。 技術の習熟度や体力などで競争させてしまうと、「自分は能力が足りないから一番になれないのだ」といったマイナス思考に陥いる恐れもあります。

努力を認められた人は、「ここが自分の居場所なんだ」という安心感を持ち、さらにはチームへの愛着、参加意識も強くなります。それが個々の成長にもつながっていくでしょう。

人間は誰しも成長する可能性を持っています。そのために、**その人の居場所を作り、その人が力を発揮できる環境を作っていくことがリーダーの使命**です。個々の居場所を作る、力を発揮できる環境を作っていくことで、チームに人をとどめおく力、「集団凝集性」が高まります。

私も100人ほどの選手に指導することがあります。なかなか一度に全員を見ることは難しいですが、全ての選手の一人に一つ、一番を見つけてあげたいといつも思っています。

メンバーの人数が多くて目が届かない場合は、10人ずつくらいのグループに分けて、その中で長を1人決める。部活動などでは学年ごとのまとめ役、キャプテンを作るのもいいでしょう。ただしキャプテンは指導者ではありませんので、メンバーの意見・言い分を聞いた上で、指導ではなく**「Let's(一緒に)」という精神**でやっていく方がうまくいきます。

◆誰かがやるからいいや――プロセスロス・社会的手抜きを見逃さない

さて集団凝集性が高まり、多くの人が集まるほどチームの質が高まりそうなものですが、面白いもので、この**集団凝集性とチームの成果は必ずしも一致しません。**

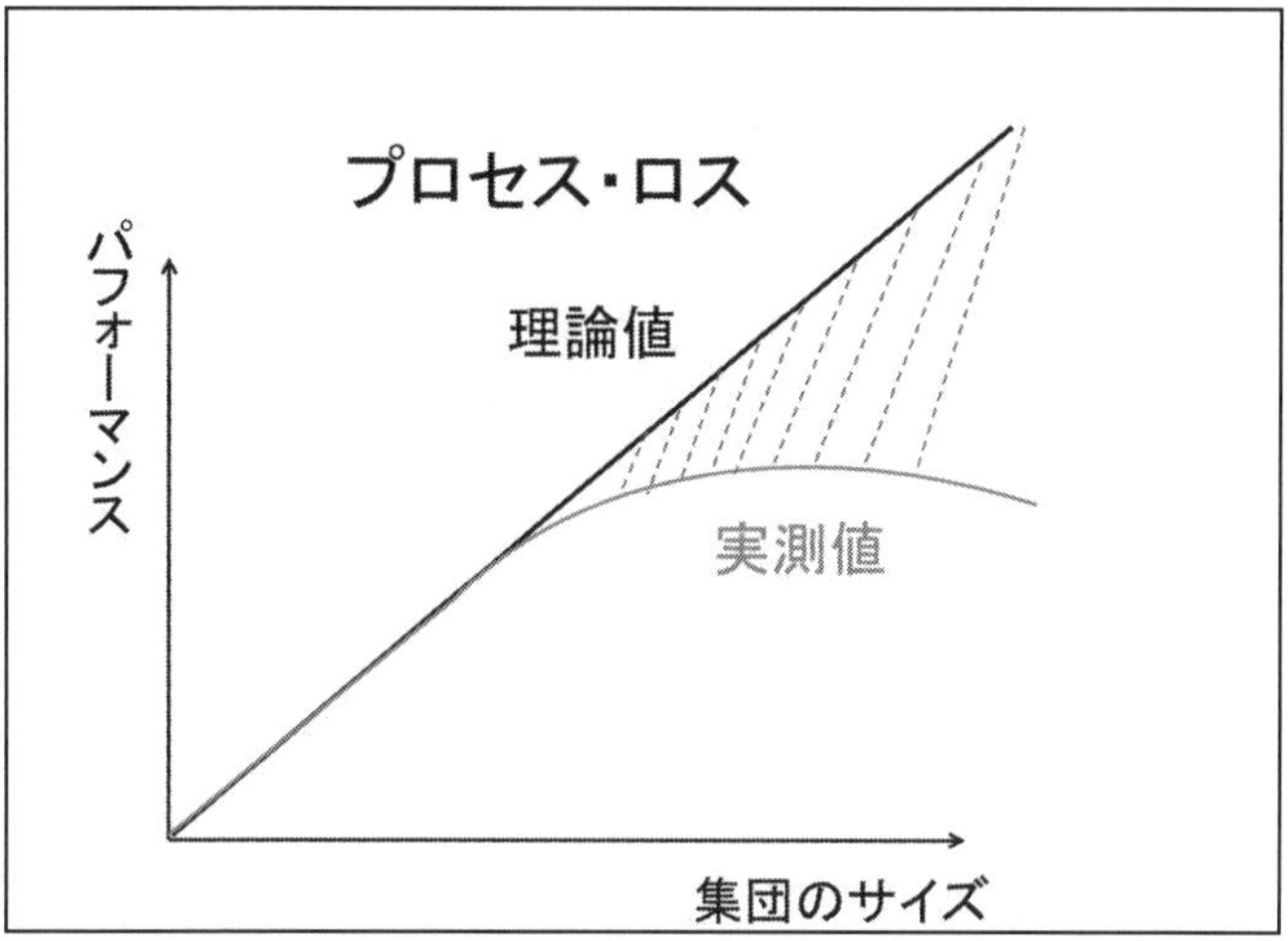

集団で共同作業を行うとき、人数が増えるほど
一人あたりのパフォーマンスが低下する

通常、集団のサイズが大きくなる、人数が増えるほどパフォーマンスは上がっていくと考えられがちですが、実は理論値と実測値のギャップがあります。集団に潜む心理がそうさせています。

著書『七つの習慣』でも知られるアメリカの経営コンサルタント、スティーブン・コヴィーがとった統計によると、チームの中で目標を理解しようとしているのは37%。さらに熱意を持って積極的に達成しようとしているのは20%程度だということです。つまり5人のうち4人は目標を真には理解しておらず、達成しようとしていないのです。

これを「プロセスロス」「社会的手抜き＝リンゲルマン効果」と呼びます。集団で共同作業を行うとき、**人数の増加に伴って、1人当たりの仕事量が低下する**現象を指します。

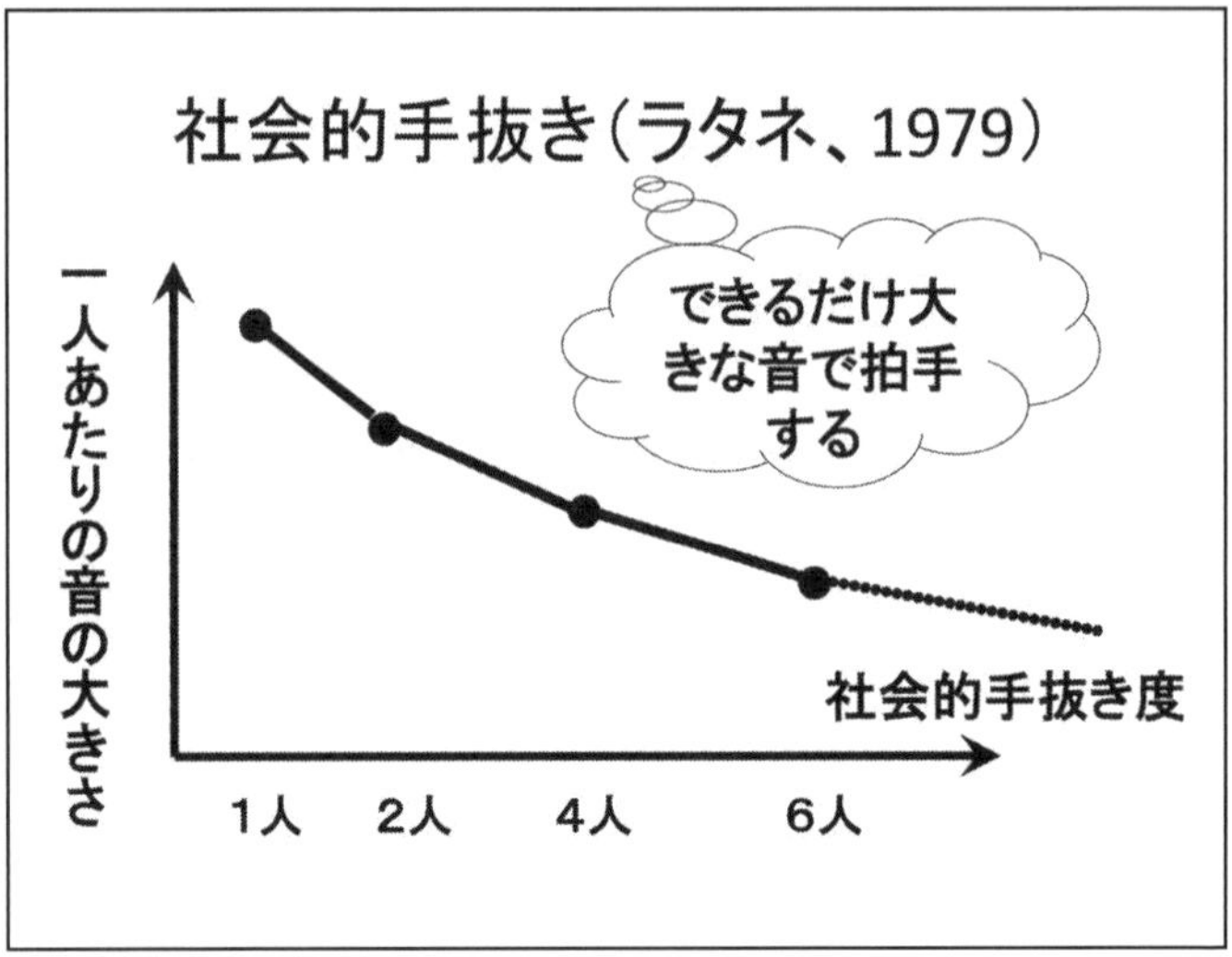

ビブ・ラタネの拍手の実験でも人数が増えるにつれて１人当たりの拍手の音量が小さくなっていくという結果が出ている

ドイツの心理学者マクシミリアン・リンゲルマンは綱引きを使った実験を行いました。１人で引いた場合を１００％とすると、２人で引いた場合は93％、３人だと85％、８人になると49％まで下がるのです。人が多いと１人あたりのパフォーマンスが下がるのです。

またアメリカの心理学者、ビブ・ラタネが行った実験でも同じような結果が出ています。「できるだけ大きな音で拍手をしてください」と言う。１人だと大きな音で拍手するのですが、人数が増えるにつれて１人あたりの拍手の音量が小さくなっていくのです。**「自分がやらなくても誰かがやってくれるだろう」**という心理が誰にでもあるのです。

◆具体的な役割を名指しで与える

それを防ぐにはどうすればいいか。

例えば「全員で掃除をしなさい」というと手を抜く人が必ずいます。だんだん指導者がイライラしてくる。そういう時は**一人一人の役割を決めて指示を出してください。責任を与えてくださ い。**そうすると社会的手抜きは減っていきます。

「A君は雑巾で窓を拭きなさい」「B君はほうきで床を掃きなさい」と**名指しで具体的に役割を与える**と効果的です。

一人でも手を抜く人が現れると連鎖していくのが集団心理の怖いところです。玄関や下駄箱などでも誰か一人が靴を脱ぎちらかすと、次第に玄関に靴が脱ぎ棄てられるようになっていくものです。そこにゴミが落ちていればゴミを捨てていくようになります。

最初の一人目を作らず、常に目を配り、問いかけ、全員に小さな役割でも与えること。これが組織を律していく上で大切になっていきます。

「割れ窓理論」と言って、アメリカの犯罪学者ジョージ・ケリングが考案したものです。建物の窓が壊れているのを放置すると、それが「誰もこの地域に対し関心を払っていない」というサインとなり、犯罪を起こしやすい環境を作り出す。よって一見無害であったり、軽微な秩序違反行為でも徹底的に取り締まることで凶悪犯罪を含めた犯罪を抑止できるとする理論です。

スラム街の壁の落書きなども書かれるたびに綺麗に消していると、やがてそこに落書きされることはなくなっていくそうです。

◆リーダーの会話に必要な４要素

さきほど言いましたが「いいところを見つけてほめる」ことだけがコーチングではありません。ほめる前には事実を認めるという作業が必要です。

事実がないまま無理にほめようとするから、根拠・土台がなくておだてるだけになって相手の心には響かない。褒める根拠として、事実を認めるという作業があるから相手の心に響くわけです。

事実を認めるという作業は、良い部分を伸ばすだけでなく、悪い部分を注意する際にも必要です。

リーダーの会話に必要な四つの要素があります。

①どんな行動に問題があったのか
②具体的な影響
③どんな感情が自分に芽生えたのか
④相手への尊重をしっかりと示す

例えばある選手が集合時間に遅れてしまったとします。

①どんな行動に問題があったのか

8時に駅に集合と決めたのに君は30分も遅れてしまったね。

②具体的な影響

そのせいで試合会場への到着が遅れて、ウォーミングアップの時間が足りなくなってしまったね。

③どんな感情が自分に芽生えたのか

「私は非常にがっかりしている」。

④相手への尊重をしっかりと示す

このことについて君はどう思っているのか意見を聞かせてくれないか。

①②で事実を確認します。遅刻したことを怒っては感情論になります。人は感情に対しては感情で反発してきます。

そして③で**「私は」という主語を必ずつけてください。**

よく人の行動や態度を注意する際に「みんながそう言ってる」「世間がそう言ってる」と言う人がいますが、**「みんな」「世間」とは誰ですか？**　自分に自信がない人、相手に注意することについて責任感がない人は必ず頭に「みんな」と付けます。結局、自分が相手に対して、注意するように、うまく説明できないだけです。自分が説明しきれないものを「みんな」という人の責任にしてしまっているのです。それでは指導者の注意は相手には届きません。

「私はあなたの責任を認めている」「私の責任においてあなたに注意している」、ということを伝えて、自分が相手の存在意義を認めているということを示してください。

そして④で「聞かせてくれないか」と相手への確認の質問を忘れないことです。そうやって**相手の言い分も聞いてあげる**ということが大切です。

こうすることで注意を伝えながら、リーダー自身も「怒り」をコントロールできます。アンガーマネジメントと言われるものです。

確認の質問で終わるというのは自信を持たせる時などにも効果的です。例えばチームを辞めたいと言ってきた選手がいたとします。ネガティブな相談がきた時、一通り、悩みや不安を聞いてアドバイスを送ったうえで、「すっきりしたかな？」「少しは気が楽になったかな？」「続けられそう？」「これからもやれる？」と「はい」だけで答えられるよう質問して、気持ちを前向きにさせてください。

◆ファーストペンギンを見つけよう

ペンギンは非常に憶病な生き物です。でも安全な氷の上から海に飛び込まないと餌はとれません。映像などで見ていると誰も飛び込みたがらず「お前が行けよ」と押し合っていたりします。そのうち誰かが勇気をもって飛び込むと、二匹目、三匹目と後に続いて最後はみんな飛び込みます。人間も同じだと思いませんか?

一匹目のペンギンになることを、ヨーロッパなどではファーストペンギンと言って勇気ある行動として讃えられます。

例えば練習の場に指導者が現れる。練習の最中でみんな沈黙しています。そこで一番先に指導者に気づいてあいさつする人はだいたい決まっています。その人はそこの現状を打破できる人なのです。例えその選手が一見、気が弱い、メンタルが弱い人のように見えている選手であっても、実は現状を打破できる人です。なんでもいいから一番に行動する。これなら**誰でも一番がとれるチャンスがあるので競争としてふさわしい。**

良い行動の一番を認めることで、それを他の人も競争してマネをするようになります。これでチームの力は高まっていきます。

しかし、一方でこういう場合もあります。「赤信号みんなで渡れば怖くない」という言葉があります。列の割り込み行為などもそうです。先ほどの「社会的手抜き」のように、**誰か一人がスタートを切れば「だってみんなやってるじゃないか」と悪い方向に後が続くこともある**わけです。

世界の日本人についてこんなジョークがあります。

豪華客船が沈没して、多国籍の人々が救命ボートに乗りました。しかし定員オーバーで、男の人たちに降りてもらわないと沈んでしまいます。

そこで、人々はアメリカ人に対しては、「あなたはここでヒーローになれる」と言いました。アメリカ人は、ガッツポーズをして海に飛び込みました。

次にイギリス人に対して「あなたは紳士だ」と言いました。イギリス人は、うなずいて海に飛び込みました。

ドイツ人に対しては「あなたは、飛び込まなくてはならない、それがルールだ」と言いました。

ドイツ人は納得して海に飛び込みました
イタリア人には「女性にもてますよ」
フランス人には「飛び込むな」
そして、日本人に対しては
「あなた、飛び込まなくていいんですか？　ほかの男の人は、みんな飛び込みましたよ」
すると日本人は、左右を見渡すと慌てて海に飛び込みました。

先程も言いましたが、この「みんな」というのが私は良くないと思っています。日本人が主語に「みんな」という言葉を持ってくるときはだいたいその人一人の意見です。でも自分の責任にしたくないから「みんな」という言葉を使うわけです。だから私はいつもこう言います。「みんなというのはどこの誰と誰ですか？」と。

みんながおかしな方向に行っているとき、誰かが最初のペンギンになって「おかしいじゃないか」と言わなければならない。**同調したがる傾向を把握しておく。**誰かが先頭をきることで悪い方向へと導かれてしまうこともあるのです。

◆集団規範＝目に見えないルールを見破る

チームは「集団の規範を共有」すると言いました。

集団規範には

・目に見える決まり

明文化された規則

・状況によって見え隠れする決まり

前例・慣行・不文律

・目に見えない決まり

組織内・集団内で適切とされる考え方・行動の暗黙のルール。いちいち意識されることのない組織内・集団内の常識。暗黙の思い込み・信じ込み。役割期待・勢力関係・対人関係等。

集団規範の中には「目に見えない決まり」というものもの存在します。「暗黙の了解」と呼ばれたりするものです。その明文化されていないものの、文化としてその集団の中にあるルール。私はチームビルディングにおいてそこに目を向けたいと思います。

どんな組織にも「これは、おかしいと思うんだけどな?」ということがいくつか存在するものです。

例えば、「遅刻を3回したらチームは全員坊主頭にする」「試合に負けたらグラウンド10周」といった決まり。第三者的な立場から見ると明らかにおかしいのに、誰もそれに触れない。またそれに気づいているものの、それを言ってしまうと自分が仲間外れにされてしまいそうだから言えない。そのうち、最初は「おかしい」と思っていた人が、いつの間にかその組織に同化していってしまう。

世間を騒がせている、内部告発によって発覚する企業・団体の不祥事のほとんどは、この「暗黙のルール」が生み出しているように思います。チームビルディングに携わっている人が口をそろえて言うのは、その組織の文化を見破らないと大変なことになるということです。

暗黙のルールに、組織の誰かが眼を向けてメスを入れていかなければ、組織というものは変わりません。不祥事の責任はその組織のトップにあるのですが、暗黙のルールを放置していたその組織全員にも責任があると私は思います。

ただし暗黙のルールに着手する時に、絶対にやってはいけないのは、目に見えない決まりをいっぺんに変えようとしたり、強制的に変えようとすることです。**組織文化というものは非常に根強いものです。**

文化というものを全て変えるということは、それまで自分たちが積みかさねてきたこと、築いてきたものが批判されるということですから、そこに対して強い反発が起こります。その組織文化というものをよく理解したうえで、徐々に変えていかなければ、うねりが大きくなってしまいます。やはり、ここでも**まずは関係の質から着手する**ということが大切になります。

いきなり「これはおかしいじゃないか！」と声高に叫んで改善を強硬に主張しても、感情的な反発が生まれ、あなたがつまはじきにされるだけです。

「私はおかしいと思うんだけど、あなたはどう思う?」「ここを変えたら、良くなると思うんだけど、どうすればいいと思う?」と、まず相手に暗黙のルールの「おかしさ」に**気づかせる、同意を得るというところからスタート**してください。

◆リーダーの理想像　専制型・民主型・放任型

チームをまとめ、目標に向かって導いていくのがリーダー。ではリーダーの理想像とは何でしょうか。

リーダーシップ類型とは、リーダーシップ行動論の一つです。アイオワ研究とも称され、アメリカの心理学者レヴィン（K.Lewin）がアイオワ大学で行った実験に基づき、リーダーシップのタイプを専制型・放任型・民主型の3つに分類しました。

・リーダーが全てを決定して動かしていく専制型。

・メンバーと協議しながら考えていく民主型。

・メンバーに自由気ままにさせる放任型。

レヴィンは、民主型リーダーシップが、作業の質・作業意欲・有効な行動等の点で最も有効である、と結論づけています。

もう少し詳しく説明します。

●専制型

概要

・指導者が全てのことを決定する。

・どの仕事を誰がやるのか、誰と一緒にやるのかを指導者が決定してメンバーに段階ごとに指示を出す。

効果的な環境

・未熟で安定していない集団。

・緊急に意思決定を下す必要がある状況。

※他の類型よりも指導者の仕事量が多く、短期的には高い生産性を得る事が出来る。しかし、長期的にはメンバーが相互に反感や不信感を抱くようになり、効果的ではない。

●民主型

概要

・メンバーの行う行動にリーダーは関与しない。

・意思決定、作業手順もメンバーが決定。

・集団によって行う。

効果的な環境

・リーダーの援助の下、集団で討議して方針を決定。

・作業の要領や手順はメンバーに委任。

※短期的には専制型リーダーシップより生産性が低いが、長期的には高い生産性をあげる。メンバー間に友好的な雰囲気が生まれ、集団の団結度が高くなる。通常の業務において、最も望ましい類型とされる。

	専制型	民主型	放任型
集団活動方針の決定	指導者がすべてのことを決定する。	集団の討議によって決定する。指導者はそれを補佐する。	指導者は関与せずメンバーたちに自由に任される。
仕事の分担	どの仕事をだれとやるのか、誰と誰が一緒にやるかを指導者が決定してメンバーに指示する。	メンバー間の合議によって決める。	指導者は一切関与しない。
仕事の見通し	指導者から仕事の段階ごとに次の必要なことだけ知らされ、メンバーは全般的な見通しを持っていない。	初めの討議によって仕事の計画を立て、全員が仕事の見通し、予備知識を十分に持つ。	仕事の見通し、予備知識はメンバーが指導者に尋ねた場合にだけ与えられる。
メンバーの仕事に対する指導者の評価	メンバーの仕事に対する賞賛や評価は個人的色彩が強い。	客観的に、事実に即して賞賛や批評がなされる。	指導者は、メンバーから求められない限りメンバーの仕事に口出ししない。

●放任型

概要

・意思決定、作業手順もメンバー。

・集団によって行う。

効果的な環境

・研究開発部門など、メンバー・集団のレベルが高い専門家集団。

※組織のまとまりもなく、メンバーの士気も低く、仕事の量・質とも最も低い。部下・集団の行う行動にリーダーは関与しない。

どれがいいと思いますか？　心理学では民主型が理想的と言われていますが、どの型がいいかは状況によって変わってきます。

組織の立ち上げ当初は「専制型」、安定してきたら「民主型」など、**組織の形態や成長度合いの状況によって、望ましいリーダーシップ類型を使い分ける方がより効果的**と考えられます。

一つ例え話をします。二つの国で大きな災害が起きたとします。一つの国は民主型。もう一つの国は専制型。被災地に救援、物資を大至急送らなければならないのですが、民主型の国では国会を開いて意見を統合してからでないと動かない。結局、支援が遅れて被害が拡大してしまった。

専制型であればトップがゴーサインを出したらすみやかに救援、物資を送ることができる。被害を最小限で食い止めることができた。

急を要するような場合、専制型のような決断をしなければならないこともあるのです。**それぞれの型にメリット、デメリットがあります。適したシチュエーション**というものがあります。

◆ＰＭ理論　目標達成と人間関係

もう一つの類型を見てみましょう。

PM理論

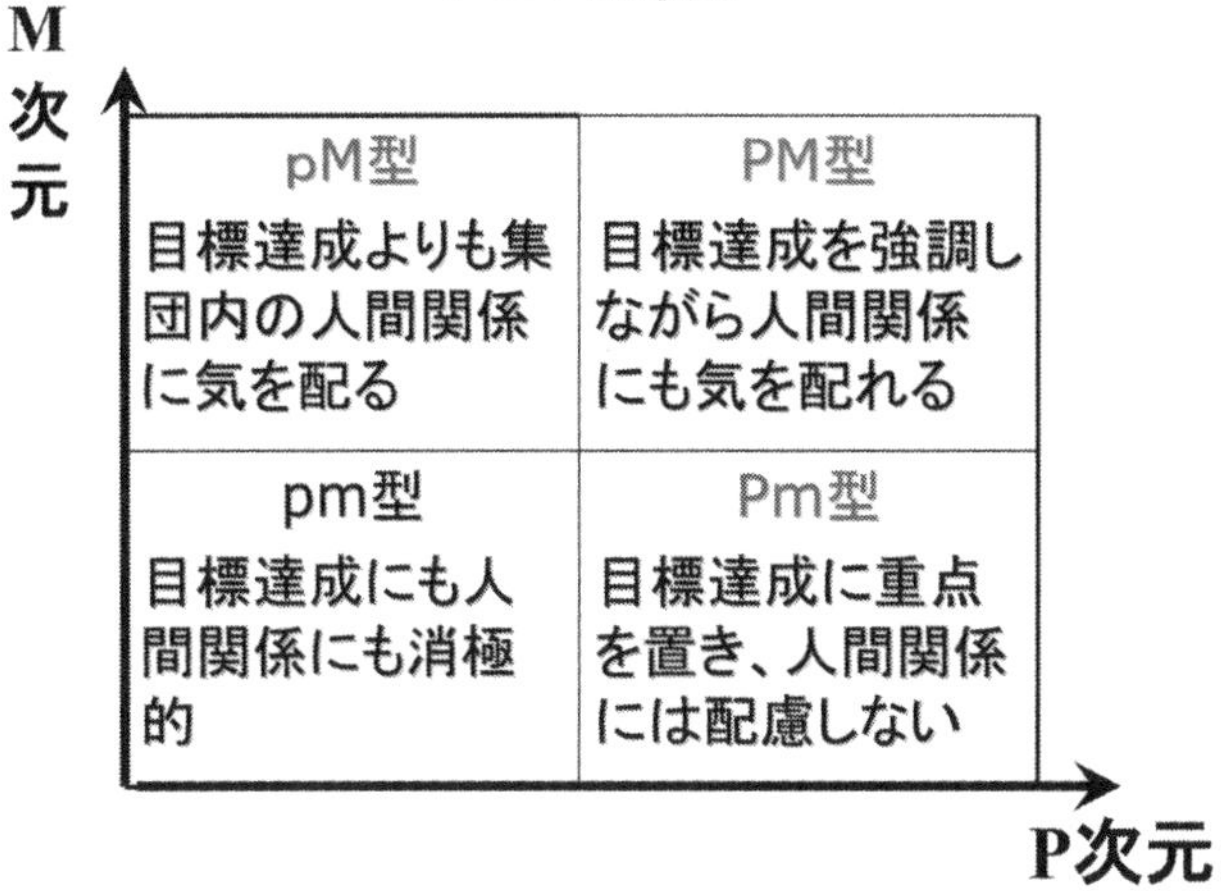

pM型　目標達成よりも集団内の人間関係に気を配る	**PM型**　目標達成を強調しながら人間関係にも気を配れる
pm型　目標達成にも人間関係にも消極的	**Pm型**　目標達成に重点を置き、人間関係には配慮しない

P（Pefomance パフォーマンス＝目標達成機能）
M（maintenance メンテナンス＝集団維持機能）が
共に高いリーダーシップが望ましいとされる

日本の社会心理学者、三隅二不二《みすみじゅうじ》が提唱したPM理論があります。

リーダーシップをP（Pefomance パフォーマンス＝目標達成機能）、M（maintenance メンテナンス＝集団維持機能）の2つの機能で構成されるとし、目標設定や計画立案、指示などにより目標を達成する機能（P）と、メンバー間の人間関係を良好に保ち、集団のまとまりを維持する機能（M）、この2つの機能が共に高い状態のリーダーシップが望ましい、という理論です。

成果は上げるが人望がない、人望はあるが成果はいまひとつ、というのではなく、**目標達成を強調しながら、人間関係にも気を配り集団をまとめられるリーダー**を理想的としています。

◆ＳＬ理論　リーダーシップはチームの成熟度に応じて変わる

一方で、唯一最適なリーダーシップというものは存在せず、**チーム、メンバーの成熟度に応じて変わるもの**だという考え方もあります。

P・ハーシィとK・ブランチャードが提唱したＳＬ理論(Situational Leadership―リーダーシップ条件適応理論）です。

「人を見て法を説け」という言葉もありますが、組織の成熟度が高まるに従い、①〜④へとリーダーシップが変化していきます。

①教示的リーダーシップ

具体的に指示し、事細かに監督することに専念し、自分は動かない。

②説得的リーダーシップ

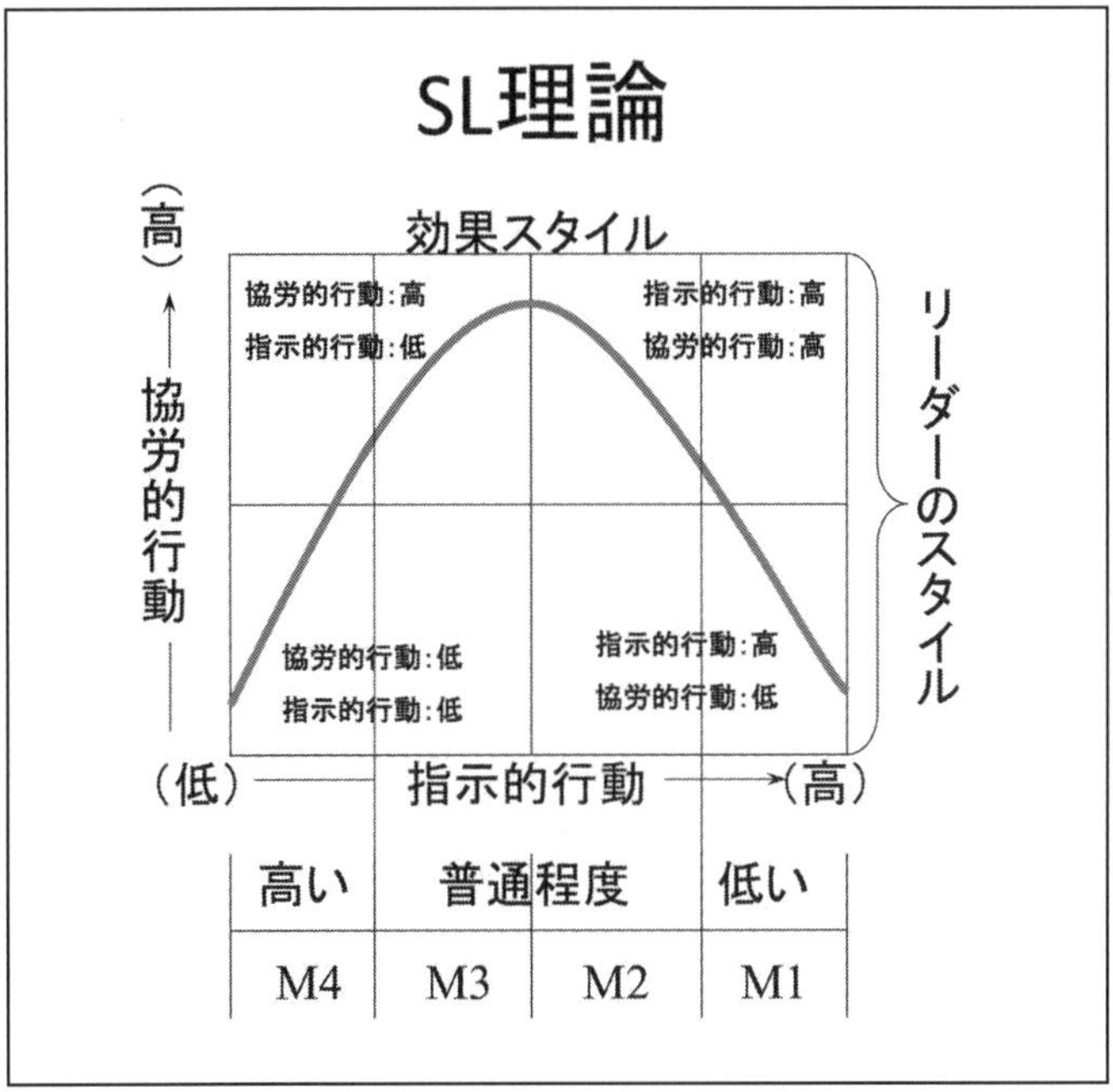

組織の成熟にしたがい、リーダーシップは変化する
リーダーは指示的行動・協働的行動を減らしていく

こちらの考えを説明し、疑問に応える、自分も一緒に行動する。

③参加的リーダーシップ

メンバーが自分で考えるように仕向ける。一緒に動くが指示はあまり出さない。

④委任的リーダーシップ

メンバーが完全に自立性を高めてきた場合、方針や責任はメンバーにゆだねる。

学校の先生に例えると、①が小学校、②が中学校、③が高校、④が大学といったところでしょうか。

チームの成熟・成長にしたがい、リーダーは指示的行動・協働的行動を減らす。メンバーが自分で考えて行動する姿勢を引きだす。そうしなければいつまでもたってもチームは発展していきません。

私も過去に「どうして先生そんなに細かいことを言うんですか」と学生から言われたことがあります。

「それはチームの成熟度がまだまだだから。君たちがまだまだだから。私だって言いたくないよ。明日から先生来なくていいよ、目標も自分たちで決めて、なんでも自分たちでできますよという風になって欲しい。そうなったら私は何も言わないよ。そうなれば、細かいことを言う必要がなくなるよ。そうならないうちはいろんな注意や指導をせざるをえないよ」

その説明で学生たちは黙りました。組織の成熟度をあげなければいけないことに彼らは気づいたのです。

◆大切なのは柔軟性と解決する力

リーダーが指示を出さなくても、各自が適切な判断・行動をとり、リーダーが求める成果を上げていくのが理想だと言えます。

しかし性格、年齢層、性別、習熟度、家庭環境など、様々な人間が行動を共にするわけですから、これらの**類型にとらわれない、柔軟性がリーダーにとって最も重要な資質**なのかもしれません。

リーダーに必要とされるものは柔軟性。そしていかに問題を作ってそれを解決していくかです。常に目標を設定し、その目標を達成するために解決しなればならない問題を見つけて＝作って、それを解決していく。

問題を解決する力。
問題を認知する力。
問題を形成する力。
原因を明確にする力。

部下を動かすコツはないかと、どこに行っても尋ねられます。そもそも部下を動かそうとするから苦労する。部下はロボットではなく人間です。

リーダーとは直訳するとリードする人、つまり導く人。トップに立つ人、支配する人という意味ではありません。

導く人についてもっといい例えがないかと考えたのですが、あるものを見た時に「なるほどな」と目からウロコが落ちる思いでした。

リードを、機械などのリード線だと考える。どんな高性能の機会でもリード線で電流を流さないと機能しません。ただの物体です。機械全体に電流を行きわたらせて、各部品を働かせて動かして機能させる。組織で言えば全員とコミュニケーションをとって一人一人の役割を達成させて全体を目標に向かって前進させていく。アウトプットしてあげることがリーダーの役割なのです。

人間は誰しも変われる可能性を持っている。しかし変わらないのはなぜ？

その人に能力がないからなのか？　それは違います。これは20年前、恩師から言われた言葉で今でもずっと心の中に残っています。

「組織がその人の能力を開発しようとしないから」

どんな人にも必ずいいところ、すぐれたところがある。それをどう活かしあげればいいのか、この人の活躍の場はどこなのかを考えてあげることがリーダーにとって大切な仕事です。

受け身ではなく電流を流していく。たしかにメンバーの特性などによってなかなかうまくいかないこともある。「この人さえいなければな」と思うこともあるでしょう。それも含めてどうコミュニケーションをとっていくかということが重要になってきます。

そのためにもリーダー自らが動く、変わるという勇気がないと部下は変わりません。部下が動こうとする環境を作りだすことが大切なのです。

チームビルディングで成功している組織の事例を整理すると、まずリーダーが自ら変化しています。リーダーが自ら行動・考え方を改めたから組織が変わっていく。

それまで築いてきた組織の伝統や文化はあると思います。効果をもたらしたこともあるでしょう。しかし時流・時代によってそぐわなくなっている面もあると思います。そこをリーダーが柔軟な思考でとらえていかなければなりません。

リーダーが導いていきたい方向と、練習する人がなりたい方向がバラバラにならないように、チームとして共有できることを目標として設定しなければなりません。

チームによっては「強くなりたい」「勝ちたい」という人だけではなく、「仲間と同じスポーツを楽しみたい」「健康や体力づくりのため」という理由で始める人もいて個々の目的も多様化していると思います。これからはチームの目標も、リーダーだけでなくメンバーとともに意見を出し合って決めるという時代になっていくのかもしれません。

「安全」のコーチング

立木幸敏

ストレッチとRICE処置

◆らせん気味にひねりを加えて

ケガの予防として一般的な方法は運動の前後に行なうストレッチングです。ストレッチングで筋肉をのばし、筋肉の両端にある腱と関節を保護している靭帯もわずかですがのびます。運動により、腱、靭帯が急激に伸ばされたり、筋肉を傷めたりするのを防ぐことができます。

ストレッチングにはスポーツによる障害の予防や筋肉の疲労を和らげる効果があります。一般に準備運動や整理運動でおこなわれます。

運動前にはケガの予防という意味で、体を大きく動かす動的ストレッチが推奨され、ラジオ体操などもこれに入ります。**運動後は逆に筋疲労をとるために静的ストレッチ**が推奨されます。

体育の授業など、多くの方が、柔軟体操という形で、経験したことがあるかとは思いますが、ただ単純に筋を伸ばすというだけでは、十分とは言えません。筋肉や腱は、手足の長い骨に対して、平行に真っ直ぐにくっ付いているのではなく、ややらせん状にねじれを伴ってついています。

まんべんなく伸ばすためには、通常行なわれるストレッチに、**少しひねり（内側・外側の両方）を加えた形で行ない、伸ばしたい箇所の反対側のストレッチングも行なう**と効果的です。

◆末梢に力を加える

また自分が伸ばしたいと思う箇所を伸ばす時は、その部分に近い関節だけを伸ばすのではなく、**手足の先の関節を含めて伸ばすのが効果的**です。

伸ばしたい筋肉の先の関節を固定し、伸ばしていくのです。例えば腕の前側を伸ばすのであれば、指先に負荷をかけた方が、腕の前側全体の筋肉が伸ばされます。関節や筋肉の連動を意識してストレッチを行ないましょう。

ストレッチングの際には手足の先も含めて伸ばすと
全体の筋肉を伸ばせる

また、**筋肉は冷えている時よりも、温まっているときの方が伸びやすい**ものです。ストレッチングの前に軽いジョギングなどで筋肉の温度をあげておくとよいでしょう。屋内競技などで走る場所がない場合は、軽く跳躍をしたり、モモ上げなどをして、体を動かしてはいかがでしょうか。

筋肉が固まり、線維が縮まっていると、その隙間を走る血管もつぶれた状態になり血行が悪く、疲労物質も排出されません。肩こりもこれと同じ状態です。筋肉が伸びると筋肉と筋肉の間にゆとりができ、血管も広がり疲労物質も早く排出されていきます。疲労や筋肉痛の防止にもストレッチングは有効です。練習の後にも行なうことをおすすめします。

適切なストレッチの時間は近年の研究ではまちまちです。それぞれの部位の筋肉によっても違いますし、身体が硬い方、柔らかい方でも効果に違いがあります。目安としては十秒から三十秒あまりで、気持ちが良いと感じる範囲でゆっくりのばすことが効果的です。

◆RICE処置　安静・冷却・圧迫・挙上

準備運動、ストレッチで予防をしていてもケガをしてしまった時、それ以上ケガがひどくなるのを防ぎ、できるだけ早く回復させるための処置を紹介します。

ケガをした時の応急処置の基本、RICE処置です。スポーツ全体で発生する外傷の種類では捻挫が一番多く発生します。肉離れを含めて打撲などにもRICE処置をおこないます。

R（Rest ＝安静）

I（Icing ＝氷で冷却）

C（Conpression ＝圧迫）

E（Elavation ＝挙上。血液が患部に集中しないように、患部を心臓より高い位置にする）

実際に行なう順番は**I**→**C↓E↓R**になります。

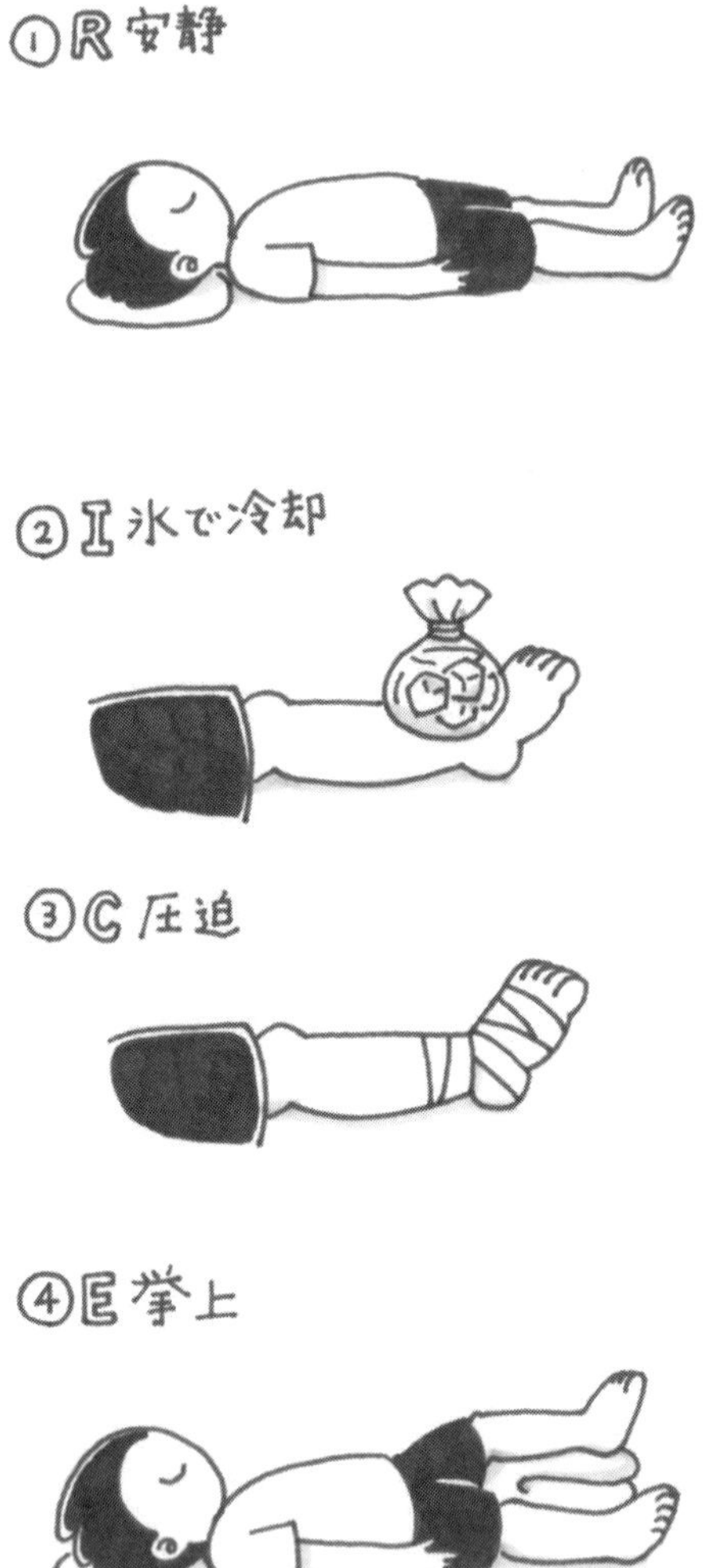

RICE処置
R（Rest ＝安静）、I（Icing ＝氷で冷却）、C（Conpression ＝圧迫）、
E（Elavation ＝挙上。血液が患部に集中しないように、患部を心臓より高い位置にする）
※実際に行なう順番はＩ→Ｃ→Ｅ→Ｒになる

◆なぜ冷やして圧迫するの？

プロ野球中継を見ていると、勝利インタビューを受けている投手が、肩に氷のはいったパックをあてて、弾性包帯などでグルグル巻きにしているのをよく見かけます。

一昔前までは、野球の投手は真夏でも「肩を冷やしてはいけない」と長袖を着ていたものです。ケガをしたり、酷使した箇所を氷で冷やし、圧迫すると、かえって悪くなるように思う方は少なくないと思います。


まずは冷却・圧迫の効果を説明していきましょう。

ケガをした時、腫れとして表面に現れていなくても、筋肉の線維、毛細血管など微細な細胞が破れます。そこから血液・細胞液が流れ出ます。これが内出血・腫れの状態です。

血液・細胞液があふれて、健康な部分まで浸されてしまうと、まだ元気な細胞・組織に酸素が十分に行く渡らなくなり（二次的低酸素障害）、栄養不足の状態になり死滅してしまいます（二次的外傷性損傷）。

こうなると腫れがさらに広がるだけでなく、回復も遅くなります。そこで、**冷却することによって、破れた箇所の代謝を下げ、さらに圧迫することで、血液・細胞液の流出を抑える**わけです。まわりの元気な細胞の死滅を防ぐことができれば、腫れの広がりも押さえられ、回復も早くなります。

さらに安静にして血の巡りを押さえ、患部を心臓より高くすることで患部に血液が集中しないようにします。

◆湿布・コールドスプレーにご注意

コールドスプレーは瞬間的に表面を冷却するので、一時的な鎮痛効果はありますが、体の内側まで冷却する効果はありません。また吹き付ける時間が長いと凍傷になりやすくなります。

また、湿布を使う際にも注意が必要です。スースーする感じがして利き目があるような気がするものもありますが、サリチル酸という成分の効果で、血行を促進し、かえって腫れが悪化する

アイシング用の氷嚢がない時にはビニール袋でもOK
袋の空気を吸い出してから使うと患部に密着させやすくなる

ことがあります。使用する時には必ず成分表をよく読みましょう。

負傷をした場合は**氷で冷やすのが、もっとも効果的**です。氷を使う場合には、まず凍傷に注意しましょう。家庭用の冷凍庫で作った氷は、温度が低すぎる場合があります。また見た目が透明ではなく、白っぽくなっているものも温度が低いので、一度水にくぐらせて温度をあげてから使いましょう。

アイシング専用の氷嚢に入れて、伸縮性の弾性包帯で巻くと、皮膚と氷との密着度も増し、患部も圧迫されるので理想的です。もし氷嚢がなければビニール袋でもけっこうです。その時には、氷を入れた後、口で袋の中の余分な空気を吸い出してから使うと、氷を患部に密着させやすくなります。

◆アイシングは48時間

最初はキンキンとした感じで少し痛みがありますが、やがて感覚が鈍くなります。そこまでくると凍傷の一歩手前なので、一度アイシングを止めます。

特に指先のような小さな箇所は、他の箇所に比べて速く内側まで冷えるので、冷やしすぎに注意してください。腫れの範囲が狭いような時は、ロックアイスなどをそのまま患部に当てて、氷を溶かすようにマッサージするのもいいでしょう。

一回のアイシングは20分ほどが目安です。

アイシングを止めてから1時間ほどすると、今度は患部が暖かくなってきます。その部分が冷却されたため、体が血液を送って温めようとしてしまうからです。そのタイミングでまたアイシングを始めます。そうやって、患部が熱をもってくる前にアイシングし、**48時間ぐらい続けます。**

冷却後に血液が集まってくることを利用すれば、単発のアイシングは凝り・張り・筋肉痛などの緩和にも効果があります。練習の前に、懲り・張りのある箇所を冷やしておくと、そこに血液が集まり、血液の巡りがよくなります。

このような形で、アイシングを習慣づけておくと、いざという時のケガにも対処できるでしょう。それからもう一つ。炎症を広げないために、ケガをした時は入浴（熱いシャワーも）も控えてください。

◆休まないから治らない

アイシングはあくまでも、それ以上ケガを悪化させないための応急処置です。ケガを回復させるためには、患部が修復される期間をおいて、リハビリを行なわなければなりません。痛み・腫れが引いたとしても、その箇所がもと通りになったわけではありません。ケガをしている間、その箇所は使っていないわけですから、筋力が落ちます。筋肉も硬くなり、可動範囲も狭くなっています。

しかし、**痛みがないと、ケガをする前と同じ状態にもどったと錯覚してしまう**ケースが多いようです。ケガをする前と同じ感覚で、弱まった身体で同じ動作をやってしまうとどうなるでしょう？　例えば手首が硬くなっていれば、ヒジや肩で、手首の動きを補おう（かばおう）として負担をかけてしまい、新たに別の箇所をケガしてしまう可能性も出てきます。

さらにはせっかく身につけた理想のフォームや動作まで崩れてしまい、これでは何のための練習かわかりません。骨折や大きな腱・靭帯の断裂よりも、軽い捻挫や肉離れ、突き指といった、**だましだまし練習を継続できそうな程度のケガの方がかえって、二次的・三次的なケガが多くなり、慢性化していく**ことが多くなります。「ケガがクセになる」という状態です。この場合は、本人自らが作り出していたケガと言えるでしょう。

◆リハビリのストレッチ

ケガで休めば、必ずケガをした箇所の能力は下がります。通常通りの練習に入る前に、下がった分を戻す作業を行なわなければなりません。それがリハビリです。この場合もやはりストレッチから始めるのがよいでしょう。リハビリの場合は、先に説明した、末梢に負荷をかけた、全体を伸ばすものではなく、動きを分解して、部分を少しずつ動かしていくストレッチをしてください。体重をかけない、角度が浅い形で行ないましょう。

捻挫《ねんざ》・肉離れをあなどらない

◆捻挫とは？

身体を物にぶつけたりして負傷することを打撲、関節を捻ったり強い負荷がかかり負傷する事を捻挫と言います。前述のＲＩＣＥ処置で手当てしますが、麻痺や変形、骨折などがある場合は応急手当に加え救急車を呼ぶなどの対応が必要です。

スポーツ活動中の外傷の種類別発生をみると捻挫が最も多く、骨折、創傷と続きます。部位別の外傷発症率は足首をはじめとした下肢に多く、次に多い手指部をはじめとした上肢を合わせると全体の９割ほどになります。

関節は向かい合う骨が凹凸の形態で連結し、関節包という袋で包まれます。中には滑液という液体が分泌され、なめらかに動くことが出来ます。さらに関節の周りには関節を支持する靭帯という軟部構造があります。関節部に強い負荷がかかるとこの靭帯が伸びたり、切れたりして負傷します。

捻挫は骨折などと違って軽傷と思われることが多く、回復しないままスポーツ活動を続けることなどで伸びたり切れたりした靭帯によって関節が緩い状態のままになり、再発や悪化を繰り返すことになります。この様な外傷は選手生命に影響があるということを理解する必要があります。したがって**重症のケガという感がなく、ついつい無理をしてしまうのが捻挫**と言えます。

捻挫をした最初の時点で、痛みや腫れの症状が少ないものはRICE処置をおこない。それより強い症状がある場合は整形外科医による診断を受ける必要があります。

◆肉離れとは？

スポーツ選手が「太ももの肉離れにより戦線離脱」という記事をよくニュースなどで見聞きさ

れると思います。

この肉離れとは、いったいどんなケガなのでしょうか？

肉離れとは運動中に、筋肉の収縮と急激な過伸張が同時に加わった時、筋肉がバランスを失い、筋膜（筋肉をつつむ薄い線維の膜）、筋線維、筋肉と腱の結合部分などに損傷が起こる傷害の総称です。

医学的には筋断裂、筋膜断裂、筋損傷といい、スポーツ傷害で頻度が高いケガです。ふくらはぎや太ももだけではなく、背中や腕などにも起こります。

主な原因は筋肉の疲労、準備運動の不足が上げられますが、冬場の寒い時期、またしばらく練習を休んで久しぶりに運動を行うオフ明けなども筋肉が硬くなっているので注意してください。

◆肉離れの症状

肉離れは、症状の重さによって、段階に分けられます。

軽　傷……症状は軽く、部分的に小規模の断裂が生じているケースです。痛みはありますが自力の運動が可能。

中程度……筋線維の一部断裂・筋膜の損傷です。受傷して3日ほど経過すると、皮膚表面に内出血が現れることがあります。自力での運動が難しくなってきます。

重　症……かなり重傷の肉離れの状況です。筋線維に部分断裂が深く発症し、自力での運動はほぼ不可能となります。

指導者の方は、これらの症状の度合いを判断する知識を身につけておくことも大切です。受傷した場合はすみやかにＲＩＣＥ（ライス）をして肉離れ症状の拡大を阻止。そのうえで医師（整形外科）の診断を受けましょう。

基本的に肉離れを発症した場合は医師の診断を受けること。もし重症に該当すると思われる場合は、早期の医師の診察が必要となります。症状の度合いが軽く、**判断がつかないようなケースでも、とりあえずアイシング処置**で患部を冷やし病院へ向かいましょう。

すでに肉離れ症状を発症してしまっている場合や、受傷から1日以上経過している場合は、まずは病院の診察を受けることが大切です。病院で腫れの範囲や受傷部位を確認したうえで、練習に復帰するまでの計画をたててください。現在では超音波検査などで詳細な診断ができるようになっています。

◆痛みがなくなるまで安静に

肉離れが完治するにはかなりの期間を必要とします。肉離れを発症してしまった場合、通常はしばらく運動をすることが出来なくなります。完全に回復していない状態で運動を再開すると再断裂を起こす可能性も高くなります。

肉離れは、部分的に筋肉、筋・健以降部が断裂している状態です。治療開始の初期段階で運動を取り入れると筋肉の断裂部位が広がる可能性があります。

また肉離れを何度も繰り返して、患部に慢性的な炎症が繰り返されると、筋肉が「線維化（患部を修復しようとカルシウムやコラーゲンが集中して硬くなる）」して硬くなり、痛みが引かなくなったり、再発しやすくなってしまいます。

治療期間中に、無理に復帰を果たしても筋肉そのものが傷ついている状態です。これではしっかりとプレーしたり、いい練習ができるとは思えません。**治療の際には、完全に治してしまうという気持ちが必要**です。

アイシングにより筋細胞の内出血が収まり。**患部の熱感がなくなり、腫れがひいてきたら、今度は温熱療法**にうつります。温熱療法の目的は血行の促進による自然治癒能力の促進です。基本的な方法としては、お風呂などで暖める、暖かいタオルやホットパックで患部を覆う、温浴などで患部を温めます。

◆はじめは軽い運動から

その後、完全に内出血も収まり、安静時に痛みを感じない程度まで回復してくると、実際に運動を取り入れたリハビリに入ります。

肉離れでは、症状を発症した部位の筋肉はしばらく使用できなくなるため、筋肉は徐々にやせていきます。少しでも早く復帰できるように、筋肉の低下をやわらげる事がリハビリの目的です。患部の痛みがなくなり動かすこと（歩行や階段昇降）が可能になれば、患部に負担がかからないようにストレッチを軽く行います。ストレッチによって筋肉や関節の柔軟性が増すと、肉離れを起こした周辺の負担も軽くなりますし、血行もよくなります。

患部を押しても痛みを感じなくなれば、筋に少しずつ力を入れるトレーニングや、徐々に軽い運動から、回数・時間を調整しながら行います。

ただし、**再びピリッと痛みを感じるようなことがあれば、ただちに練習・競技を中止**しましょう。運動後は患部に熱感が発生しますので、アイシングを行ってください。

◆練習の前後だけでなく

肉離れの予防として準備運動はしっかりとやりましょう。特に冬場は体が冷えて筋肉が硬くなっているので、身体を温めるために念入りにやります。練習の前後のストレッチも効果的です。練習の後は筋肉をほぐし、柔軟性を高めるために、**ストレッチは少し長めの40秒以上しっかり**

と伸ばしますが、練習の前は10秒から30秒程を目安にしてください。

十分に準備して、定期的に練習している人であっても、ちょっとしたタイミングのズレなどから、予想外の負荷がかかって肉離れを起こしてしまうこともあります。**無理のない、それでいて適度な緊張感をもって練習に臨む**ことが一番のケガの予防になるのではないでしょうか。

知って防ごう、熱中症

◆熱中症を理解する

熱中症の問題はいくつかの側面があります。1つには近年の気温上昇や都市化によるヒートアイランド現象や近代建築の密閉具合などの環境の問題、2つめには暑熱環境下への人の適応の問題、3つめは指導、練習内容など運動環境の問題が考えられます。

熱中症の統計から研究を行った中井誠一氏（京都女子大学名誉教授）によると熱中症の発生要因としては、

①環境要因（気温、湿度、幅射熱、WBGT、湿度変動等）

②行動・運動要因（活動様式、活動強度、持続時間等）

③身体要因（性別、年齢、体調、脱水、暑熱順化、着衣等）

の3要因でその組み合わせが発症に関係するとしています。また、予防のためには発症機序及び発症要因の理解が必要としています。

近年は35℃を超える日も多く、**適切な水分補給だけでは熱中症を防ぎきれるものではありません。**運動する時間帯を比較的涼しい時間に設定する、休憩時間・給水時間をこまめに入れる、練習の強度を下げるなどの工夫も必要です。

人間の体は熱産生と熱放散で体温のバランスを取っています。運動をすると大量の熱が発生しますが、血管を膨らませる（拡張）ことでたくさんの血液を流し皮膚から熱を逃がし、さらに発汗などで体の表面から気化熱を利用し熱を逃がします。このバランスが破綻することで熱中症が発生し、重症の場合は死亡事故につながります。

熱中症には四症状があり、熱を逃がそうと血管を拡張することにより脳血流が減少して「めまい」や「失神」が起こる①熱失神、大量の汗をかいているときに水だけ飲むことでからだの塩分濃度が低下して痛みを伴う筋けいれん（こむら返りのような）」がおこる②熱けいれん、それからスポーツで多く見られる③熱疲労④熱射病があります。熱疲労↓熱射病は連続的におこる症状なので注意が必要です。

①熱失神

暑い中では、体温調節のために皮膚の血管が拡張します。これによって血圧が低下し、脳への血流が減少し、めまい、失神などの症状がおきます。顔面蒼白となり、脈は速くて弱くなり、呼吸回数の増加、唇のしびれなどもみられます。運動後だけでなく、長時間立っていたり、立ち上がったりした時にもみられます。

②熱けいれん

大量に汗をかくと水分・塩分・鉄分等の微量元素が失われます。水分を大量に失うと血液中の塩分濃度が高くなり、血流が低下します。また水分・塩分は筋肉の収縮を助ける役目も持っており、不足したときに、足・腕・腹部の筋肉に痛みを伴ったけいれんがおきます。暑い中、長時間の運動をして大量の汗をかいたときに見られる症状です。

③熱疲労

スポーツ活動でよく目にする症状で、体調不良から、へたり込んでしまいます。生理的には発汗による脱水と血管の拡張による循環不全で、「脱力感」、「倦怠感」、「めまい」、「頭痛」、「吐き気」などが起こります。

対応は練習・競技を中止させ、涼しい日陰、冷房の効いた室内でスポーツドリンクなどを飲み横になっていると改善してきます。うちわなどで全身を扇ぐのも効果的です。容体が改善しなかったり、少しずつ悪くなるようでしたら（指導者や仲間は目を離してはいけません）病院に搬送し、点滴などが必要になります。また点滴をした方が早く容体が改善し心身へのダメージも少ないと思います。

④熱射病

最も深刻な状態で救急車での搬送が必要になります。生理的には脳の視床下部にある体温調節機能が破綻して、体温が上昇し（39～40℃）、意識障害が起こります。

この意識障害は脳しんとうで起こるものとよく似ていて「**応答が鈍い**」「**言動がおかしい**」か

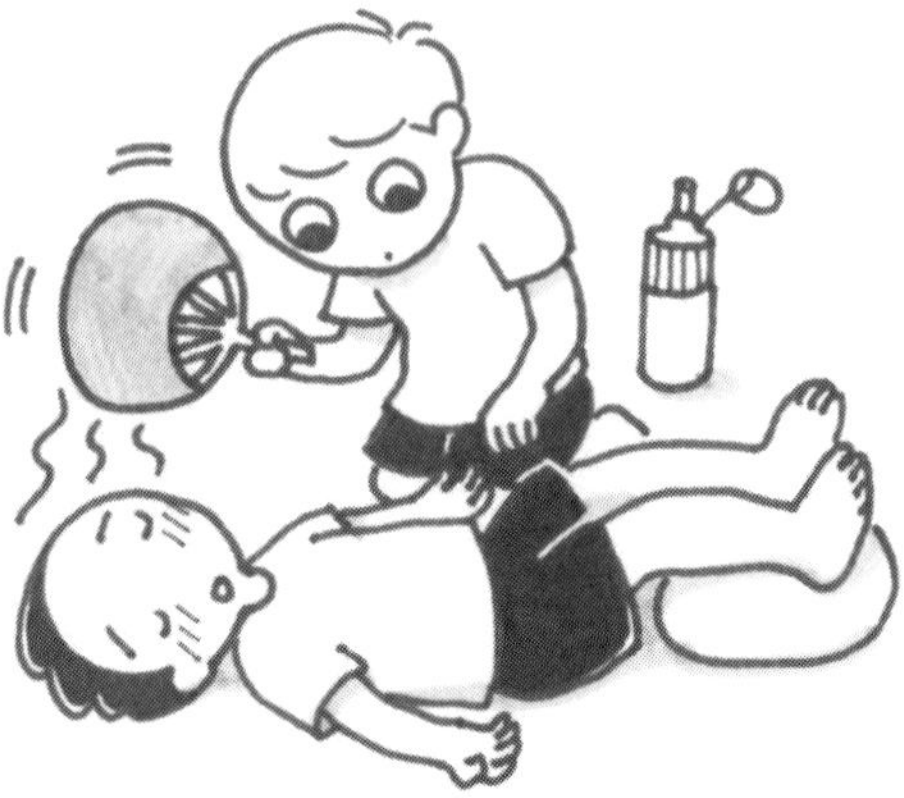

水分補給の他に氷やアイスパックなどで太い血管のある箇所を冷やす
また皮膚を水でぬらし、うちわや扇風機などであおぐ

ら「昏睡状態」となり死につながる緊急事態です。

武道やコンタクトスポーツで倒れた場合、脳しんとうなのか熱中症なのか、それとも同時に併発しているのかは、一般の方は判断が難しいと思います。よって病院に搬送して医師に評価してもらい治療を受ける必要があります。

特に「言動がおかしい」「反応が鈍い」「昏睡」、「体温が異常に高い」場合は熱射病が疑われるので119番で救急搬送が必要です。救急車が来るまでは涼しいところで身体冷却をする必要があります。

氷やアイスパックなどを**首の両側、脇の下、鼠径部、内ももなど体表近くに太い血管があるところ**を冷やしてやります。また**皮膚を水で濡らし（霧吹き状にふきかけてもよい）、うちわや扇風機**

であおぐ必要があります。

汗をかいていなくても、体温が高くなくても熱中症の可能性はあります。脱水していれば、汗をかくことができません。また体温調整が出来なくなっていると、真夏であっても寒気を訴える場合があります。そういったときは熱中症の兆候を疑ってみた方がよいでしょう。

◆予防その1　何を飲むか

熱中症の予防には適切な水分摂取が重要です。スポーツ活動時に何を飲むかは迷うところです。スポーツドリンク、食塩水、水、麦茶などですが、近年のスタンダードはスポーツドリンクです。もちろん食塩水でもいいですがお話しするまでもなく美味しくありません。

スポーツドリンクの成分表を見ると様々な成分が入っていることが記載されていますが、**最も注目していただきたいのはナトリウム**（Ｎａ）です。１００ミリリットル中、40～80ミリグラムのNa（ナトリウム）が入っていることが必要です。最近、ドリンクメーカ各社のスポーツドリンクがこの成分に近づけたものにしているようですが、購入時必ずチェックしてみてください。

飲むタイミングですが夏期は普段から水分を摂取することが大切であることはニュースなどでも情報が流れていると思います。

さらに運動の前には事前飲水が重要です。体重の２％程度の水分の減少で運動能力、体温調節機能が低下します。ですから**「のどが渇いた」と感じる前から積極的に水分を摂る**ことが大切です。この様な考え方はウォーターローディングとも言われ、夏期の運動では成人男子で**事前飲水として約２５０～５００ミリリットルのスポーツドリンク**を飲んでから行うと良いでしょう。飲み方は一気に飲まないこと。もちろん量が多くて飲めない場合は、減らしてください。

女性、子どもも量は調整すべきです。また15～30分に一回の休み時間をとり、自由に水分が摂取できるようにしてこまめな水分補給ができるようにしておくべきです。また飲水は摂取量の研究からストローよりコップが良いようです。

夏期は多量な発汗があり体重が減少しますが、運動前と運動後の体重減が2％以下になるように水分の摂取の目安としてください。毎朝起床時には体重をはかり、就寝中に失われた分の水分を補給。

さらに夏期の運動中に水しか飲まない場合、発汗で塩分などが排出され水だけが補充されることで、身体を構成している体液中の成分が薄まってしまい（低Ｎａ症）、熱けいれんが発生することがあります。

【注意】Ｎａ（ナトリウム）成分の入ったスポーツドリンクの摂取については、高血圧などで医師から食事制限（塩分制限）のある方は主治医に必ず相談してください。

スポーツドリンクはNaが100ml中に
40～80mg入っているものがおすすめ

競技としてスポーツに取り組む場合は、適切な量の水分を、適切なタイミングで補給すれば、運動能力を維持し、最後までしっかりと運動に取り組むことができます。また糖分・塩分・鉄分の補給は、集中力・判断力といった脳の活動の維持にもつながります。不注意によるケガを防ぐこともできますし、指導者の手本・話も集中して聞くことができます。

休憩時間に濡れタオルやアイスパックなどで体温を下げる工夫も必要

◆予防その2　何を着るか

防具が必要な競技や、厚手の道着を着用する武道など、通気性も放湿性もあまりよくないものを身に着ける場合、休憩時間には、衣服をゆるめ、濡れタオルやアイスパックなどを体にあてて、体温を下げる工夫が必要です。スポーツ医科学系の学会では屋内のスポーツでは剣道、柔道などが突出して熱中症の発生率が高いことが報告されています。

近年の気候の高温化を受けて、道場や体育館にエアコンの導入を検討することも考えられますし、現在市販の道着をみても薄手のものから厚手のものまで多くの種類が発売されているようですので、夏期シーズンはぜひ薄手の道着を着用してみてください。

◆予防その3　無理はしない

体調は日々変わります。夏場は日常生活（睡眠中にも）でも体内から水分が蒸発し（体温調節のため）、夏バテのひとつの要因は脱水とも言われます。

また四季のある日本では季節ごとにからだが変化します。夏に向かい気温が上がると暑熱環境下に身体が適応していきますが、それには1週間以上かかると言われます。いきなり夏日になると身体が全くついていくことができません。

アメリカンフットボールなどでは夏期合宿に入るときには1週間は防具を着けずに練習し、暑熱順応させるところもあるそうです。

夏合宿など、環境負荷をかけた練習は、乗り切った達成感は特別なものがあります。しかしそれによって体調不良になったり、入院するような事態は避けなくてはなりません。

特に子どもは、はた目に元気そうに見えても、急に体調が悪化してしまうものです。また、前日からの体調不良にも注意してください。下痢、夜更かしなど脱水や過労があると熱中症の危険性があがります。さらに肥満は熱中症のハイリスクグループであり注意が必要です。

大人の場合、特に前日にお酒を飲んだ場合は要注意です。お酒は利尿作用があるので、尿と一緒に水分・塩分・鉄分がいつもより多く排出されています。また睡眠中も体温があまり下がらないので、いつもより汗をかいています。水分・塩分・鉄分をしっかりと補給しましょう。また汗をかいて水分が失われると、血液の粘度が高くなるので、血管・血圧に不安のある方は特にしっかりと水分をとっておく必要があります。

◆夏期の練習計画を考えよう

熱中症で気をつけなくてはならないのは気温だけではありません。湿度がとても重要です。**気温があまり高くなくても、湿度が高いことによって熱中症が発生**します。熱中症を予防するための指標として湿球黒球温度があります。また、それを測定するためにWBGT計（気温・湿度・輻射熱を取り入れた環境温度を計測する機械）の価格を抑えた物も販売されています。それほど高価ではないので、クラブで1台購入することも考えてみてください。

練習前に天気、温度、湿度から熱中症の注意喚起が容易にできますので、チームで準備されると良いと思います。また屋内スポーツの場合、体育館や道場の風通しは良くする必要があり、扇風機なども利用することも検討してください。また一番注意していただきたいのは、一番暑い時間帯は避けることです。猛暑日などは早朝と夕方に練習をずらして行っているのが珍しくなくなりました。

さらにスポーツ医科学の学界では、たとえば某スポーツの夏の大会に疑問を呈している研究者も少なくないことをぜひ知っておいていただきたいと思います。

夏期以外、気温がそれほど高くなくても、湿度が高い時は、汗が蒸発しにくく、気化熱による冷却が進まず体温が上がりやすくなり、熱中症は発生します。

秋の駅伝などでもみられるように、運動中に2~3度気温が上がってしまった場合や体調不良などで、体が対応できなくなり、脱水状態を招くこともあるのです。

また、暑さへの慣れの問題もあります。日頃十分に運動をしている人であっても、急に暑い場所で運動をしたとたんに熱中症になるケースもあります。急に気温が上がった日や、夏合宿の初日などは十分に注意してください。暑さに慣れると、血液量・汗も増加し体温調節がしやすくなり、それに反応して尿が少なくなります。また塩分を体にとどめるホルモンも増加します。

運動の際にはWBGT計を用意して、その時の環境・温度によって練習の強度も調整しましょう。

◆最近の知見

熱中症の重症度は大変わかりにくいものです。近年、日本救急医学会からI〜III度の分類が提唱されていますので参考にしてください。

これはI↓II↓IIIが連続した病態としており、体調不良者の観察が必要です。

我々一般市民はI度かII度の判断をおこないます。II度かIII度の判断は医療機関で医療者が判断することとしています。II度以上は病院に搬送します。特に現場でIII度の症状がある場合は応急処置と救急車の迅速な手配が必要です。

熱中症の症状と重症度分類

分類	症状	治療	従来の分類	重症度
Ⅰ度	・めまい・失神（立ちくらみ） ・筋肉痛・筋肉の硬直（こむら返り） ・手足のしびれ・気分の不快	**【応急処置と見守り】** 通常は現場での対応可能 →冷所での安静、体表冷却、経口的に水分とNaの補給	熱失神 熱けいれん	
Ⅱ度	・頭痛・吐き気・おう吐・倦怠感・虚脱感 ・集中力や判断力の低下 ・「いつもと様子が違う」程度のごく軽い意識障害があることも。	**【医療機関へ】** 医療機関での診察が必要→ 体温管理、安静、十分な水分とNaの補給（経口摂取が困難なときには点滴にて）	熱疲労	
Ⅲ度	Ⅱ度の症状に加え、 ・意識障害・けいれん・手足の運動障害 ・高体温（体に触ると熱いという感触） ・肝・腎機能障害、血液凝固異常 （これらは医療機関での採血で判明）	**【入院加療】** 入院加療（場合により集中治療が必要） →体温管理（体表冷却に加え、体内冷却、血管内冷却などを追加） 呼吸、循環管理、DIC治療	熱射病	

日本救急医学会分類 2015、熱中症環境保健マニュアル 2018（環境省）より

◆安全な練習を

最近の人は暑熱環境下に対して耐性が低くなってきたのでしょうか？　こんな説があります。汗が出る器官を汗腺と言いますが、その数は遺伝的に決まっているかと思いきや、どうやら子どもの頃の環境によって数が決まってくるようです。

つまり日本人であっても、生まれてから熱帯地方で生

活すると成長の過程で汗腺が現地の方と同じ程度までになるようです。今の日本では家庭にもクーラーが当たり前になっていると思います。今の日本人は発汗能力が弱くなっていると考えるのが妥当です。

最後に日本体育協会発行の「スポーツ活動中の熱中症予防ガイドブック2から医師でスポーツドクターの川原貴氏（元国立スポーツ科学センター・センター長）のコメントを引用したいと思います。

「**練習はへばるまでやらないと効果がない、というような考え方では熱中症はなくなりません。**時にはへばるまでやることも必要かもしれませんが、それは涼しいときにやるべきで、夏の暑い時には避けるべきです。夏のトレーニングはなるべく暑い時間を避け、休憩を頻繁に取り水分摂取を十分に行うなど暑さ対策をすることによって、へばらない状態を維持し、トレーニングの質を確保することがトレーニング効果につながるという考え方であれば、熱中症事故が起こる事はないと思います」

◆温度差対策

夏バテと一言でいいますが、その症状は様々です。食欲不振・下痢・消化不良といった胃腸の症状や、「なんとなくダルい」「無気力」といったメンタルヘルスまで広範にわたります。夏バテと言うからには、「バテる」つまり「疲労」ということになります。疲労は、体のホメオスタシス＝恒常性（環境が変化しても、その生体の状態が一定に保とうとする性質）の乱れを知る、三大アラームの一つです（残りの二つは発熱と痛み）。

夏季の疲れの原因としては、暑さ、そしてエアコンによる温度差による自律神経の不調があげられます。

自律神経とは、意志とは無関係に作用する神経のことです。呼吸器・循環器・消化器・内分泌腺・生殖器などの不随意器官の機能を促進または抑制し調節します。

呼吸、脈拍、心拍、毛穴の開け閉めも自律神経によってコントロールされています。

温度差と自律神経の不調の関係について説明してきましょう。人間の体は、周りが暑くなると、汗をかいたり、血管・毛穴を広げたりして体温を逃し、暑さに対応しようとします。この体温調節は自律神経の働きによるものです。

暑い場所で暑さに対応していた状態で、冷房の効いた部屋に入ったとします。すると体はすぐには気温の変化についていけず、態勢を切り替えることができません。そうなると、本来なら熱を放出する必要のない環境で熱を放出してしまうことになります。

温度が下がったことに気づいた自律神経はあわてて態勢を切り替えます。これを一日に何度も繰り返すことになれば、自律神経自体が疲れてしまい、身体に負担がかかってしまうことになります。これがひどくなると疲労感だけでなく、めまい、食欲不振、頭痛、などを引き起こすこともあります。

自律神経が対応できるのは、温度差5℃以内くらいまで。それ以上の激しい温度変化にさらされると、体温調節がうまくいかなくなり、自律神経も乱れやすくなって、さまざまな体の不調が起きます。

なるべく部屋の外と中の温度差が5℃以下になるように部屋の温度を調節しましょう。しかし、最近では気温が35℃を超えるような猛暑の日、地域も珍しくはありません。さすがに冷房が28℃ではつらいかと思います。体育館などでは25℃程度に設定したうえで、冷えすぎないようにして、手軽に着たり脱いだりできる上着やスカーフなどで調節するといいでしょう。

◆暑熱馴化

夏場に運動をして汗をかくことで、暑さに耐えられる体を作る。適度に汗をかき、代謝をあげて体温を下げることも夏バテ対策には効果があります。

暑熱馴化は、高温下で1時間程度の軽い練習からはじめ、徐々に強度や時間を増やしていきます。

一週間ほどで、ほぼ暑さに馴れたからだができます。暑熱馴化すると、汗をかきやすくなります。さらに汗のナトリウム濃度の減少、循環血液量が増加します。その結果、皮膚への血液量が増加し、熱は体の深部から表面に運ばれ、放熱されやすくなります。さらに、体温が著しく上昇する前に発汗量が増加して、蒸発による体温調節が効果的に行われます。

暑さに馴れる段階では、血液量を維持して発汗能力を高めるために、頻繁に、そして適量の水分を摂取することが大切です。

◆栄養と水分

夏は汗をたくさんかきます。その汗によって、多くのミネラルが体から失われます。ミネラルをきっちり補給しないと、体力が落ちていき、やがては「夏バテ」となってしまいます。食事をしっかりとることです。また疲労回復にはビタミンB1（豚肉、レバー、大豆、など）、ビタミンC（緑黄色野菜、レモンなど）、クエン酸（お酢、梅、柑橘類など）が有効と言われています。水分補給も必要です。普段からあまり水やお茶を飲まない人も、夏場は意識してこまめに水分を取るようにしてください。

単に水分を取ればいいというものではありません。運動時の水分補給は**よく冷えたもの、糖度のあるもの**の方が、体温も上がっていますし、浸透圧の関係で吸収もよくていいです。

しかし、日常においてはあまりおすすめできません。氷がたくさん入った冷たすぎる飲み物は胃腸の働きを弱め、逆に夏バテを促進してしまいます。また糖度の高いものも、運動時以外は体に吸収されにくく、水分の補給にならないのでおすすめできません。さらにカフェイン量の多いものは、利尿作用もあるので、適当に引用することも必要です。

◆睡眠と入浴

疲労を蓄積しないためには、適正な睡眠も必要です。疲労回復を促進する成長ホルモンの分泌は睡眠後の数時間がピークと言われています。その時間に深い眠りについているのが理想です。遅くとも夜は11時前には眠ることをおすすめします。睡眠中に汗をかくので、寝る前、そして朝起きた時に、コップ１杯程度の水を飲み、こまめに水分を補給することをおすすめします。

いい睡眠には、ぬるめのお湯（37～40℃）でゆっくり入浴すると効果的です。気持ちを鎮める副交感神経が働き、落ち着いた気分になり、眠りやすくなります。温まってから布団に入り、体温が下がってから眠るといい睡眠がとれます。また副交感神経が働くと胃腸 の働きもよくなる

披露を蓄積しないためには、しっかり睡眠時間をとる
ぬるめのお湯でゆっくり入浴することなども効果的

ので、夕食にとったものの消化・吸収を助けます。

熱いお湯（42℃以上）に入ると、緊張、興奮の自律神経「交感神経」が優位に立ち、しっかりと目が覚めた状態となってしまいます。血圧も高くなるので、一般的にはお勧めできません。

常日頃から冷房で冷えすぎないように気をつけて、運動と栄養と休養のサイクルを守る。適度な運動で汗をかいて、水分と栄養を しっかりとって、しっかり休む。夏バテしないようにと特別に気負う必要はないかと思います。

◆継続した予防の努力が必要

近年、熱中症の緊急搬送が増えていることが問題になっています。２０１０年から５万人を超えるようになり２０１７年は５２，９８４人、猛暑であった２０１８年は９５，１３７人の搬送があり、死亡者数も２０１７年が48人、２０１８年は１６０名であったことが総務省より報告されています。

原因としては様々な環境要因が指摘されていますが、昔とは環境が違うと考えることが妥当だと思われます。

さらにスポーツにおいてはどのような影響があるのでしょうか、日本スポーツ振興センターでは学校管理下の熱中症死亡事故の発生においてクラブ活動別の報告があります。それによると１９７５～２０１７年では野球が最も多く、ラグビー、柔道、サッカー、剣道と続きます。炎天下の競技に多い傾向にもありますが室内競技で競技人口も多いとは言えない、柔道と剣道で多いことも大変気になります。

死亡事故を減らすのは各競技団体で安全講習会などで予防に努めていますが、関係者の継続した努力が必要です。

脳しんとう

◆脳しんとうのケア

脳しんとうという言葉を皆さんも聞いたことがあるかと思います。

「頭部に打撲を受け、気を失う」としか考えていなければ、それは明らかな間違いです。脳しんとうは、「頭部に衝撃を受けた直後に起こる神経機能障害で、かつそれが一過性で完全に受傷前の状態に回復するもの」と定義されています。

症状としては神経機能障害であり、意識消失はその一項目にすぎません。
①認知機能障害としての健忘（相手の名前がわからない。今日が何曜日で何日なのかがわから

ない）や、興奮・意識消失

②自覚症状としての頭痛、めまい、吐き気。視力・視野障害、耳鳴り等

③他覚症状としての意識内容の変化、ふらつき、多弁、集中力の低下、感情と、多種多様であることを十分に理解しておく必要があります。頭部に衝撃を受けた後に**意識消失がなくても、衝撃を受けた前とあとで様子が変わっているようであったら脳しんとうを疑います。**脳しんとうは休むことによって回復するものですが、脳しんとうを軽んじたり、繰り返すようなことは、命に関わる急性硬膜下血腫なども懸念されることになります。

◆頭を打っていなくても注意　加速損傷

スポーツ関連の脳しんとうでは頭部をぶつけても発生し、**ぶつけなくても体に受けた衝撃が首を伝わり脳しんとうが発生**します。

頭がい骨の中で脳は髄液に浮いているような状態で、わかりやすくたとえると水を張った容器に豆腐が浮かんでいるような状態です。

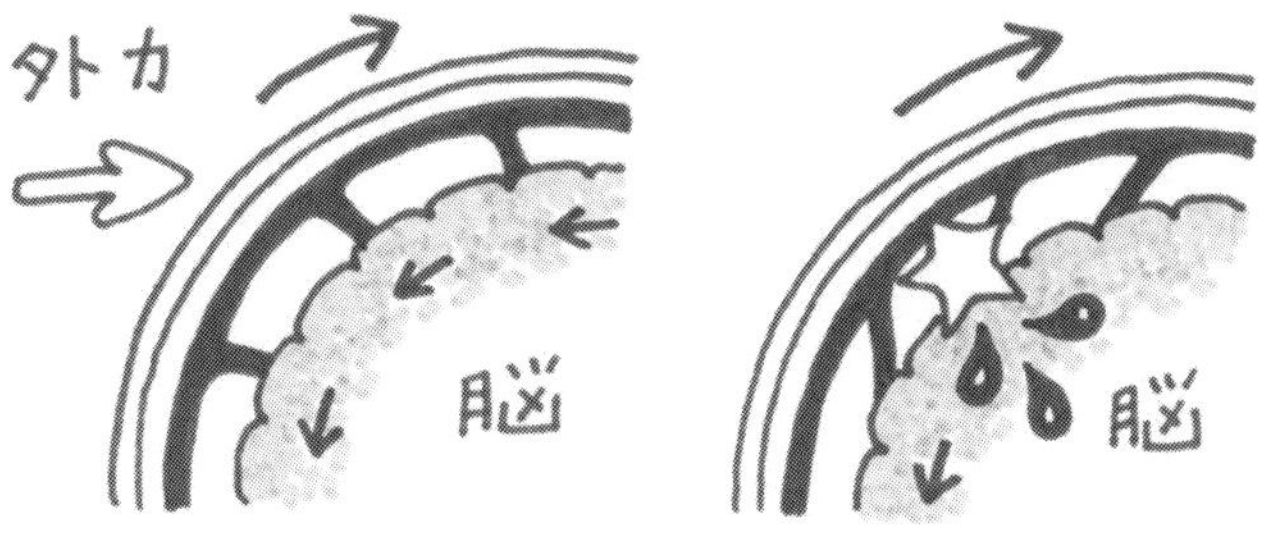

頭を打っていなくても頭部が揺さぶられることで加速損傷の危険がある

頭部や顔面打撲などで頭部が激しく揺さぶられることにより、頭がい骨と脳とにずれが生じます。このずれが大きくなり、ある値を超えると、頭がい骨の下にある血管と脳をつなぐ橋渡しの静脈（架橋静脈）が伸び、破綻して出血し、これが硬膜下血腫となります。

血腫が脳を急激に圧迫し、生命の危機に陥ることがあり、緊急手術で血腫を除去する必要があります。

この症状は頭部への直接の打撃がなくても、頭部が激しくゆさぶられることにより生じることが懸念されます。例えば高齢者は脳が委縮するので、頭がい骨の中での遊びが大きく、加速損傷の危険性が高くなります。競技中の相手との接触や転倒において頭を打っていなかったとしても、脳しんとうと同じような症状が現れた場合は、即座に運動を中止しなければなりません。

◆頭を強く打ったら運動はすぐ中止

脳しんとうが疑われた場合、医療関係者以外が脳しんとうを判断することは難しく、スポーツ現場で簡便な評価方法としてポケットSCAT2があります。（178ページ）

脳しんとうが生じたら動く・動かすことは不適です。そしてその日の競技・練習は必ず休んでください。受傷者は基本的に頭部を振らない、振らせないことが重要です。やむなく移動する場合も、それを十分に考えて行動する必要があります。

24時間から48時間の安静加療は効果があるとされています。

◆周りの人が止める

頭をぶつけた場合、血が出る、腫れあがるといった外側から見てすぐ わかるような外傷がなかったり、気を失ったり、明らかにふらついたりしない限り、外側から脳しんとうだとはわかりにくい場合があります。

また本人が脳しんとうの症状を自覚していても、無理をして競技・練習を続けてしまったり、ということも考えられます。指導者をはじめ、周囲の人間が止める必要があります。

◆救急搬送が必要な状態を知る

スポーツドクターや指導者で構成される、日本臨床スポーツ医学会のHPに公開されている「頭部外傷10ヶ条の提言」では救急搬送の目安を以下のように述べています。

『持続する、あるいは急激に悪化する意識障害、手足の麻痺、言語障害、けいれん（ひきつけ）、何度も繰り返す嘔吐、瞳孔不動（瞳の大きさが左右で違う）、呼吸障害などの症状は、誰が見てもすぐに重篤な状態だとわかります。**受傷直後は症状がなくても、しばらくしてから悪化することもある**ので、経過観察中にこのような症状が現れたら、直ちに救急搬送する必要があります』。

スポーツ現場における脳しんとうの評価

Pocket SCAT2 を一部改変

以下の症状や身体所見が一つでも見られる場合は
脳しんとうを疑います

①自覚症状

意識消失	素早く動けない
けいれん	霧の中にいる感じ
健忘	何かおかしい
頭痛	集中できない
頭部圧迫感	思い出せない
頸部痛	疲労・力が出ない
吐気・嘔吐	混乱している
めまい	眠い
ぼやけてみえる	感情的
ふらつき	いらいらする
光に敏感	悲しい
音に敏感	不安・心肺

②記憶

以下の質問（競技種目によって多少変えてもかまいません）に全て正しく答えられない場合には脳しんとうの可能性があります。

- 今いる競技場はどこですか？
- 今は前半ですか？　後半ですか？
- 最後に得点を挙げたのは誰（どちらのチーム）ですか？
- 先週（最近）の試合の対戦相手は？
- 先週（最近）の試合は勝ちましたか？

③バランステスト

利き足を前におき、そのかかとに反対の足のつま先をつけて立ちます。
体重は両方の足に均等にかけます。
両手は腰において目を閉じ、20 秒の間その姿勢を保ってください。
よろけて姿勢が乱れたら、目を開いて最初の姿勢に戻り、テストを続けてください。

目をあける 、手が腰から離れる 、よろける、倒れるなどのエラーが 20 秒間に 6 回以上ある場合や、開始の姿勢を 5 秒以上保持できない場合は、脳しんとうを疑います。

脳しんとうの疑いのある選手はただちに競技・練習をやめ、専門家の評価を受けましょう。
1 人で過ごすことは避け、運転などもしないでください。

また軽傷に見えても受診すべき場合として、

①意識消失（1分以上続く）
②健忘・記憶障害
③頭痛
④めまいやふらつき
⑤麻痺（手足に力が入りにくい）、しびれ
⑥性格の変化、認知障害
⑦繰り返す脳しんとう

とあります。

◆最低でも1週間は休む

脳しんとうを起こした直後の脳細胞は弱っています。その後、時間がたつにつれ、徐々に回復していくのですが、回復する前にもう一度衝撃を受けるとどうなるでしょうか？

脳しんとうの症状が残っている状態で、または無くなった**直後に2回目の脳しんとうを起こした場合に、急激に重症化する**ことがあります。これがセカンド・インパクト・シンドローム（2次的衝撃症候群）です。1度目の脳しんとうで脳の血管が傷つき、2回目以降で大きく傷が広がり、出血から急性硬膜下血腫がおきると理解されています。また、急性硬膜下血腫の怖いところは、**命が助かったとしても重い障害・後遺症が残る**ことがあることです。

各スポーツ団体で運動復帰の目安は異なりますが、日本ラグビー協会では、高校生以下の受傷の場合、2週間の試合と練習の中止。

アマチュアボクシングではプロボクシングと異なり、ポイント制が基本であり、異状があれば競技を止めたり、中止にするRSC（referee stop contest）の制度があります。KOを告げられた選手はその後4週間は経過観察期間として全ての競技およびスパーリングを禁じています。

脳しんとうが懸念される競技の競技団体の公式サイトには脳しんとうから競技復帰までのプロトコール（GRTP）が掲載されていますので、それに沿って医師と相談しながらリハビリに取り組んでください。最近では48時間の休息の後に、復帰プロトコールをおこなう方法も言われ始めましたが、これも医師の指示に従ってください。

頭を打ってしまった場合について説明しましたが、**それよりも大切なのは頭を打たない、安全**

なプレー・練習を心掛けることです。武道をはじめとしたコンタクトスポーツでは初心者には、しっかりと受け身や防御を身につけるまでは試合形式の練習はさせない。また合宿最終日のような疲れがたまっているような日の練習は特に注意してください。

また、日本臨床スポーツ医学会で、非医療従事者向けに「頭部外傷10ヶ条の提言」（第2版）を公表し、小冊子をＨＰで無料公開しているのでご参照ください。https://concussionjapan.jimdo.com/

①頭を強く打っていなくても安心は出来ない
②意識消失がなくても脳しんとうである
③どのようなときに脳神経外科を受診するか
④搬送には厳重な注意が必要
⑤意識障害から回復しても要注意
⑥脳しんとう後すぐにプレーに戻ってはいけない
⑦繰り返し受傷することがないよう注意が必要
⑧受診する医療機関を日頃から決めておこう

⑨体調がすぐれない選手は練習や試合に参加させない
⑩頭部外傷が多いスポーツでは脳のメディカルチェックを

◆頭部外傷の問題

２０１１年の医科学の学会等で柔道における頭部外傷による死亡事故が問題になりました。現在では頭部の傷害もあわせ「体育活動における頭頸部外傷の傾向と事故防止の留意点」（日本スポーツ振興センター）の調査資料が発表されています。

学校管理下において１９９８年～２０１１年の14年間で１６７例（死亡57例、障害１１０例）発生しており、死亡事故では、頭部外傷が約90％、頸部外傷は約10％とされています。原因となった競技は、頭部外傷について体育授業等では水泳、運動部活動ではラグビーが多く、頭部外傷についてはどちらとも柔道が多いと報告されています。

これらを受けて、全柔連も対策をおこない事故の発生が減少傾向にあるなど、各競技団体が努力しているところです。

イザ、という時のための心肺蘇生とＡＥＤ

◆一次救命処置（ＢＬＳ）とは

一次救命処置（BLS:Basic Life Support）とは、心肺蘇生やＡＥＤ（自動体外式除細動器）を用いた除細動などを用いて、心臓や呼吸が停止した傷病者を救命するために行う緊急処置のことです。

心肺蘇生とは傷病者に反応がなく、呼吸がない、異常な呼吸（死戦期呼吸といい、心停止直後に時折みられる、しゃくりあげるような不規則な呼吸）がみられる場合は、心肺停止と判断し、胸骨の圧迫と人工呼吸を行うことを心肺蘇生といいます。

◆いかに迅速に行えるか

心臓が停止し、酸素が供給されなくなると、脳の神経細胞の機能に重大な変化が起こり始めます。心停止後にただちに心肺蘇生を行わなければ、低酸素状態により回復の可能性が減少します。

救命処置の効果はいかに迅速に心肺蘇生を開始するかにかかっています。**呼びかけに反応がなく、普段どおりの呼吸がない場合には、ためらうことなく直ちに心肺蘇生を開始**しましょう。

また心肺蘇生はＡＥＤによる心電解析や電気ショックが行われている場合を除き、できるだけ絶え間なく続けることが大切です。

傷病者が動き出すか、医師または救急隊などに引き継ぐまで続けます。一番大事な**心臓や脳に血液を送り続けることは、ＡＥＤの効果を高めるためにも、脳に後遺症を残さないためにも重要**です。

次の場合を除き救助者の判断で心肺蘇生を中止してはなりません。

・傷病者が（嫌がって）動き出す。
・うめき声を出す。
・見るからに普段どおりの呼吸が現れた場合。
・医師、救急隊などに引き継ぐことができる場合。

※普段どおりの呼吸が回復しても、傷病者の状態を観察し続けます。もし再び普段どおりの呼吸がなくなった場合には、心肺蘇生を再開します。

この後は具体的に心肺蘇生の流れについて説明しますが、読んだだけでは対応できません。スポーツの指導にあたる方は、万が一の場合に備えて、適切な処置ができるよう、講習を受けることをおすすめします。各地の消防本部や日本赤十字社の都道府県支部が講習会を開催しています。病院や保健所で独自に行っているところもあります。

①傷病者の胸部と腹部の動きから、呼吸をみる

◆心肺蘇生

1・呼吸をみる（心停止の判断）

傷病者が心停止を起こしているかどうかのを判断するためには、傷病者の**胸部と腹部の動きの観察**に集中します。

普段どおりの呼吸がない場合は、心停止と判断します。心停止を判断するのに10秒以上かけないようにします。

死戦期呼吸を普段どおりの呼吸と間違えないようにします。

2・胸骨圧迫

心臓は一定のリズムで収縮と拡張をくり返して脳や全身に血液を供給するためのポンプの働き（拍動）を繰り返しています。心臓の拍動が停止したり、心臓の機能が著しく低下

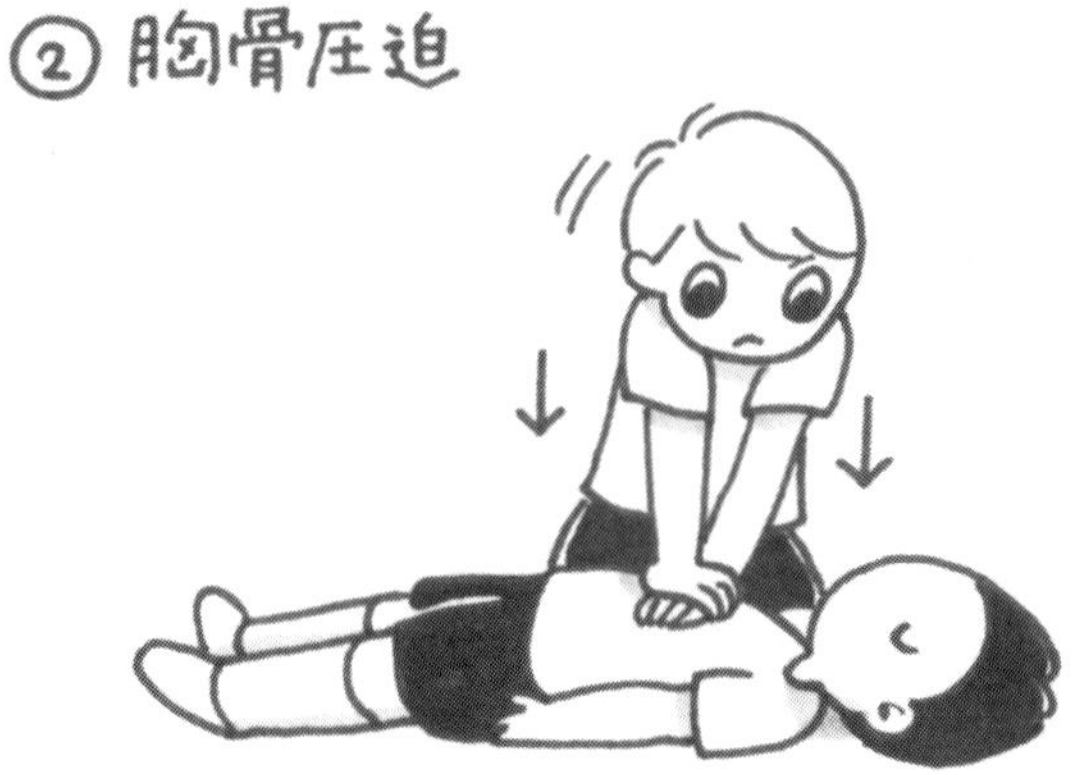

②胸骨圧迫　心臓のポンプ機能と肺の換気をうながす

して血液を送り出せない場合に、**心臓のポンプ機能と肺の換気を促す**ために、胸骨圧迫を行います。

①傷病者を固い床面の上に仰向けに寝かせ、傷病者の片側、胸のあたりに膝をつきます。

※傷病者がマットなどの柔らかい物の上にいて、移動が困難な場合は、傷病者の胸部より広い板を背中の下に敷きます。

②傷病者の胸の真ん中（左右の乳頭を結ぶ線の真ん中）に、救助者の片方の手の手掌基部（手のひらの下の方、手首に近い部分）を置きます。

③その上にもう一方の手を重ねます。

④脊柱に向かって垂直に胸骨を押し下げます（5センチほど）。腕の力で押すのではなく、上半身の体重を利用して押し下げます。胸が十分に沈み込む程度に強く圧迫します。圧迫が弱い（浅い）と胸骨圧迫の効果が得られません。

⑤胸が十分に沈み込む程度に強く圧迫したら、力をゆるめ、

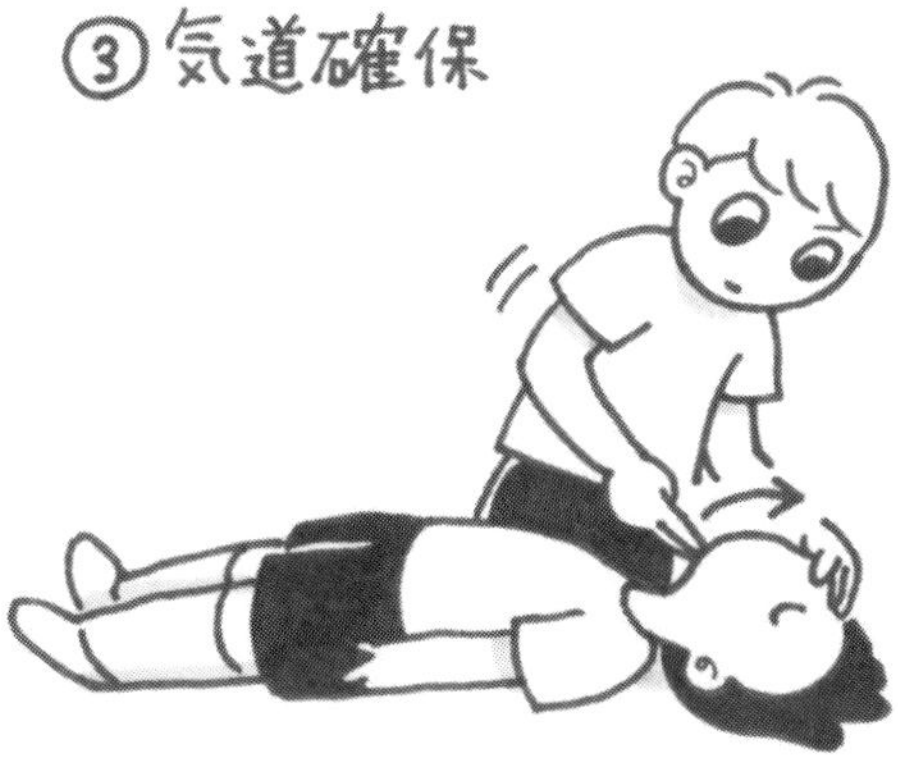

③気道確保　人工呼吸を行うため下あごを引き上げて頭部を後方に傾け空気を取りやすくする

胸が元の高さに完全に戻るように圧迫を解除。圧迫をゆるめている間も、手を胸骨から離さず、圧迫する位置がずれないように注意します。

⑥毎分少なくとも１００回～１２０回のテンポで、続けて30回圧迫します。

姿勢が崩れない程度に傷病者の顔を見ながら行い、傷病者が動き出す、うめき声を出す、見るからに普段どおりの呼吸が現れるなど、回復を示す変化がないか観察します。

胸骨圧迫は、**「強く」**、**「速く」**、**「絶え間なく」**を意識して行うことが重要です。

3・気道確保

人工呼吸を行うために傷病者の**下あごを引き上げて頭部を後方に傾ける**ことによって喉の奥を広げ、空気（息）を通りやすくします。

①傷病者の頭側にある救助者の手を傷病者の額に、一方の手の人差し指と中指を下あごの先の骨の部分に当てます。

②下あごを引き上げるようにして、額に置いた手で頭部を後方に傾けます。下あごの先に当てた指は、あご下の柔らかい部分を圧迫しないように注意します。

④人工呼吸　傷病者の鼻をつまみ、自分の口で傷病者の口をふさぐようにしていきを吹き込む

4・人工呼吸（講習を受けてなかったり、**自信がなければ胸部圧迫だけでも行ってください**）

空気中には約21％の酸素が含まれており、人が1回の呼吸で吸収する酸素はそのうちの3〜5％。吐く息（呼気）には16〜18％の酸素が残っています。

つまり**人の吐く息（呼気）は、傷病者の生命を保つのに十分な酸素を残しています**。その呼気を傷病者に吹き込むのが人工呼吸です。

①前述の方法で気道を確保したまま、額を押さえている方

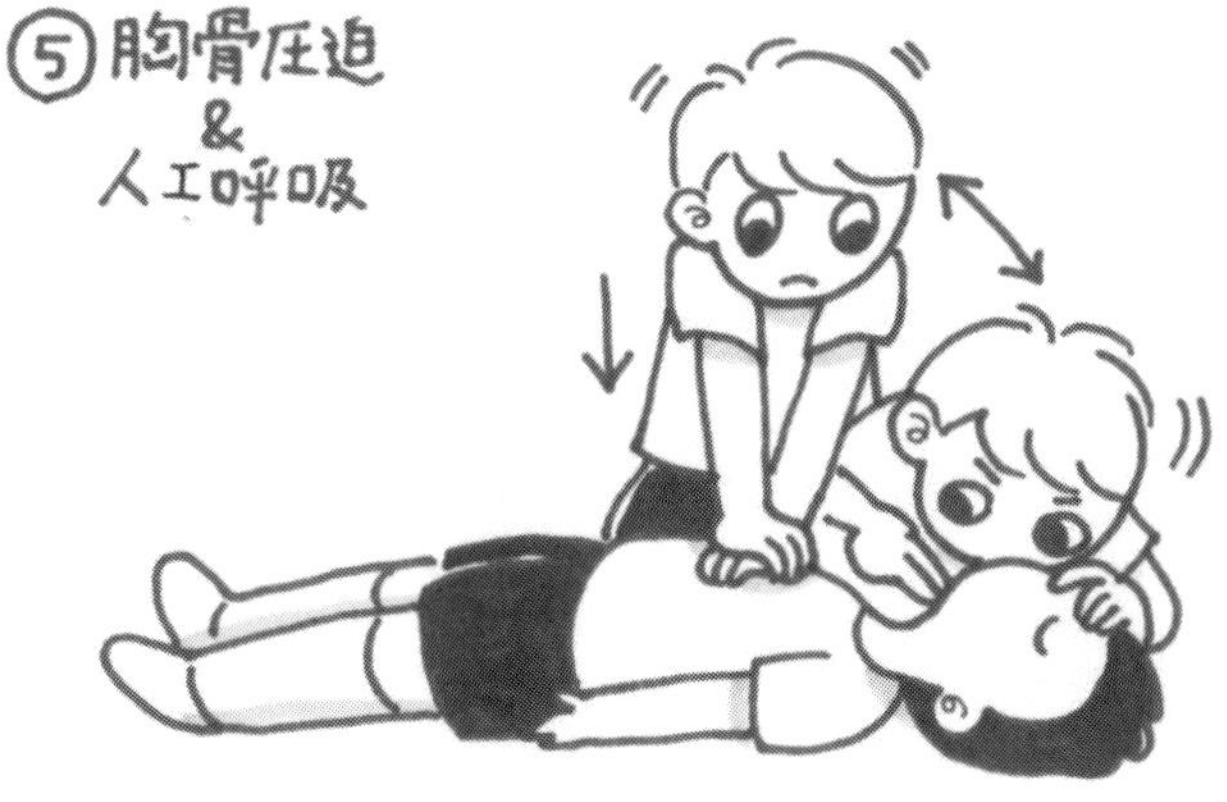

⑤胸骨圧迫と人口呼吸を繰り返す

の手の親指と人差し指で傷病者の鼻をつまみ、自分の口を大きく開いて傷病者の口を覆うように密着させます。

傷病者の胸を見ながら、胸が上がるのがわかる程度（約1秒間かけて）息を吹き込みます。

②息を吹き込んだら、傷病者の息を自然に出させるためにいったん口を離し、鼻をつまんだ指も離します。再度、鼻をつまみ、口を覆って息を吹き込みます。

※1回目の吹き込みで胸が上がらなかった場合は、2回目の吹き込みを行う前に気道確保をやり直します。ただし、うまく胸が上がらない場合でも、吹き込みは2回までとし、胸骨圧迫を再開します。

5・胸骨圧迫と人工呼吸との組み合わせ

①胸骨圧迫

まず胸骨圧迫を30回（毎分少なくとも100〜120回の

テンポ）行う。

②人工呼吸

次に気道を確保して人工呼吸（約一秒かけて吹き込む）を2回行う。

※胸骨圧迫や人工呼吸により、傷病者が動き出す、うめき声を出す、普段どおりの呼吸が現れるなど、回復を示す変化がある場合は心肺蘇生を中断します。

③胸骨圧迫と人工呼吸の繰り返し

前の動作①と②を繰り返します（胸骨圧迫30回と人工呼吸2回の組合せサイクルとします）。

その他の注意点

胸骨圧迫を繰り返すには体力が必要です。疲れてくると胸骨圧迫が弱くなるので、協力者がいれば、1～2分ごとを目安に交替します。交替して引き継いだ救助者は、胸骨圧迫から開始します。できるだけ胸骨圧迫の中断時間を短くするように心掛けてください。

人工呼吸が不十分であっても、胸骨圧迫が十分に行われていれば、心肺蘇生の効果への影響は少ないとされています。また人工呼吸による感染症などの不安があれば、胸骨圧迫の実施だけでも構いません。

◆ＡＥＤを用いた除細動

突然の心停止は、心臓が細かく震えだす心室細動という不整脈によって生じることが多く、心臓を正常な動きに戻すためには電気ショックを与えて細動を取り除く（除細動）が必要となります。心室細動になった場合、心停止から5分以内に除細動を行えば救命率は特に高くなります。日本でも２００４年より非医療従事者による除細動が行えるようになりました。

ＡＥＤはコンピュータによって自動的に**心室細動の有無を解析し、電気ショックを与えるべき否かを音声で指示してくれます。**

ＡＥＤが到着するまでの間に心肺蘇生を実施することはもちろん、ＡＥＤが到着してからも、またＡＥＤが電気ショックは不要と判断したとき、ＡＥＤによる電気ショックが終了したときなども、心肺蘇生を続けることが大切です。

ＡＥＤを用いた除細動は、あくまでも心肺蘇生とあわせて行う一次救命処置の一部であり、それだけを切り離すべきではありません。ＡＥＤの効果を上げるためにも、ＡＥＤの操作とあわせ

① 119番通報とともにAEDを持ってくるよう呼びかける

て心肺蘇生をできるように救急法講習を受けることが望まれます。

続いて手順を説明していきます。

①119番通報とAEDを持って来る

傷病者に意識障害の疑いがある場合には、直ちに協力者を求め、119番通報とともにAEDを持って来るように依頼します。協力者がいない場合には、119番通報をしたうえで自分でAEDを取りに行きます。

公共施設では、AEDは人目につきやすい場所に設置されています。AEDのマークがついたボックスの中に置かれているのが一般的です。**競技会のときなどは事前に位置を確認しておくことも主催者の責務**です。

AEDを取り出すためにボックスを開けると、警報ブ

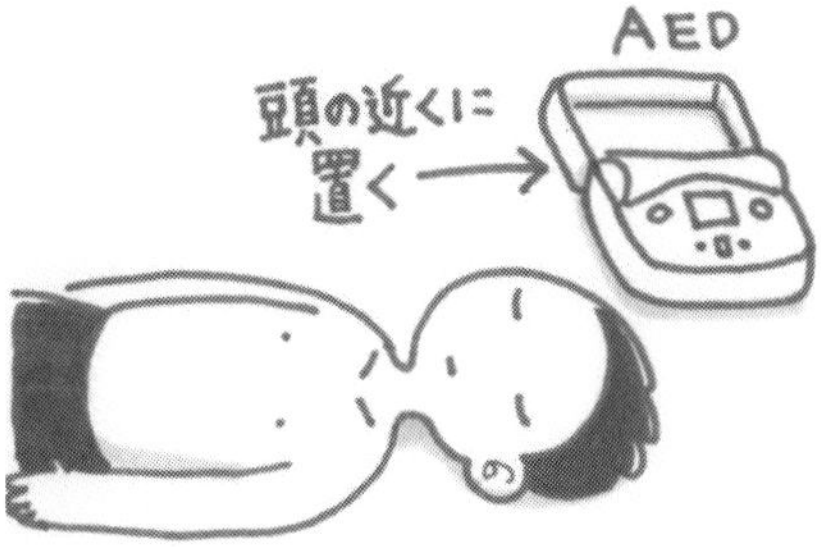

② AED を傷病者の頭の近くに置く

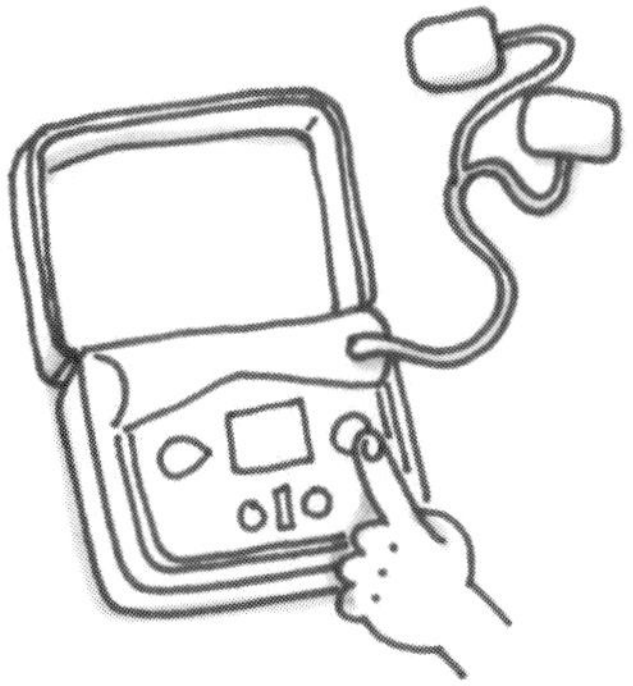

③ AED の電源を入れる

ザーが鳴るようになっているものがあります。ブザーは鳴ったままでよいので、ＡＥＤをボックスから取り出して戻ります。

②ＡＥＤの準備

ＡＥＤの準備中も心肺蘇生（特に胸骨圧迫）を中断しないようにします。ＡＥＤは傷病者の頭の近くに置くと操作がしやすくなります。

③電源を入れる

まずＡＥＤの電源を入れます。電源を入れたら、以降は音声指示と点滅するランプに従って操作します。機種によっては、ふたを開けると自動的に電源が入るタイプもあります。

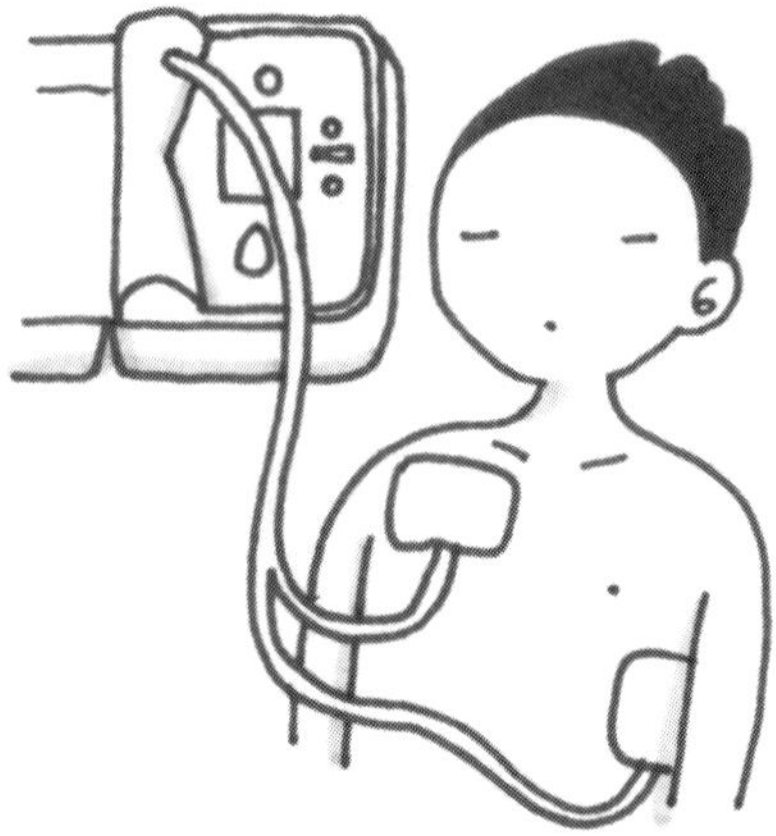

④電極パッドを貼る。１枚を胸の右上に
もう１枚を胸の左下側に

④電極パッドを貼る

傷病者の前胸部の衣類を取り除く（ボタンやホックが外せない場合にはケースに入っているハサミなどで衣服を切る）。

ケースに入っている電極パッドを袋から取り出します。電極パッドの一枚を胸の右上（鎖骨の下で胸骨の右）、もう一枚を胸の左下側（脇の下５～８ｃｍ、乳頭の斜め下）に貼り付け、肌にしっかり密着させます。

※貼り付け位置は、電極パッドや袋にイラストで描かれています。

電極パッドと肌の間に空気が入っていると電気がうまく伝わりません。傷病者の胸が汗などで濡れている場合や、湿布薬などが貼られている場合は、電気ショックの効果が減少することがあります。布やタオルできれいに拭き取ってください。

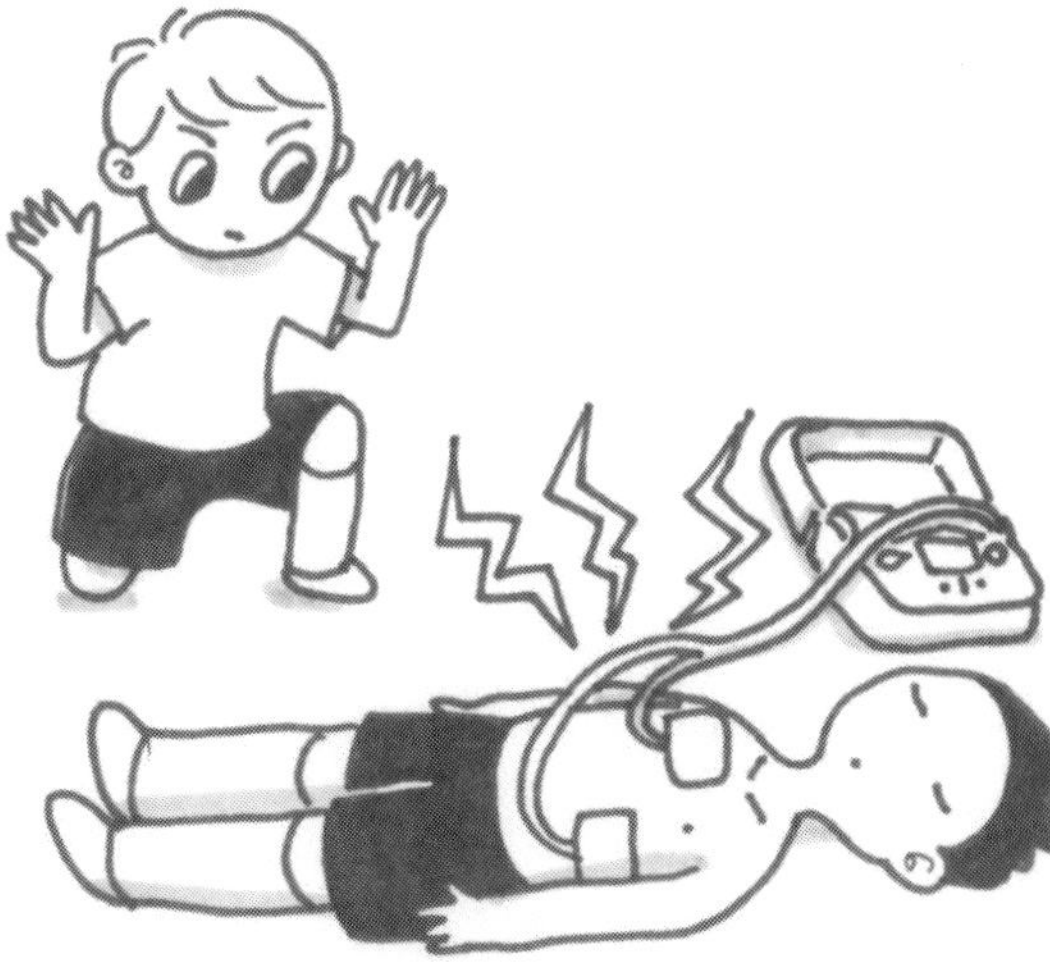

⑤電極パッドが貼られると「傷病者から離れてください」という
音声の指示とともAEDが心電図の解析を始める
救助者は傷病者から離れる

また傷病者にペースメーカーや除細動器が埋め込まれている場合は、胸にコブのような膨らみがあるので、その膨らみをよけてパッドを貼ります。

⑤心電図の解析

電極パッドがしっかりと貼られると、「傷病者から離れてください」という音声指示とともにAEDは心電図の解析を自動的に始めます。そのとき**救助者の体に触れていると通電しますので、絶対に離れてください。**

救助者は心肺蘇生を中断し、解析の妨げにならないようにします。周囲の人も傷病者から離れるようにしてください。

⑥電気ショックと心肺蘇生

⑥「ショックは不要」の指示が出た場合は胸骨圧迫と心配蘇生を再開

「ショックは不要です」と音声指示が出た場合は、直ちに胸骨圧迫を行い心肺蘇生を再開します。けして**「ショックは不要です」の音声指示を「循環が回復した」「心肺蘇生は中止してよい」と誤解しないでください。**傷病者が動き出す、うめき声を出す、呼吸が回復するという場合以外は心肺蘇生を続けます。

電気ショックが必要な場合は、「ショックが必要です」などの音声指示と同時にＡＥＤは自動手的に充電を開始します。周囲の人に傷病者の体に触れないように声をかけ、誰も触れていないことをもう一度確認します。

充電が完了するとＡＥＤは連続音やショックボタンの点滅とともに電気ショックを行うように音声指示を出すので、傷病者に誰も触れていないことを確認してボタンを押します。

電気ショック後は、直ちに心肺蘇生を再開します。除細動に成功した直後は心拍も弱く、循環の回復には至っていない場合があるので、直ちに心肺蘇生を再開します。

⑦心肺蘇生とAEDの繰り返し

再びAEDが自動的に心電図の解析を始めるので、音声にしたがって⑤と⑥を繰り返します。以後、2分おきに心電図の解析が行われるので、⑤⑥を繰り返します。

⑧AEDの電極パッドと電源はそのままに

除細動が成功しても、再び心停止になることもあるので電極パッドははがさずそのままにしておきます。到着した**救急隊が装着してあるAEDをそのまま使用したり、AEDに記録された心電図のデータを医療機関に伝えるため、そのAEDを持っていくこともあります。**

AEDの機種によって設定が異なる場合がありますが、いずれの場合にも、そのAEDの音声メッセージに従って除細動や心肺蘇生を行います。

通常の運動では直接的に心肺停止に至るようなことはまずないと思われます。しかし野球などで硬球が胸を直撃、個々の体調、更衣や入浴時の急な温度変化などによって突発的に起こらないとも限りません（心臓しんとう）。

指導にあたる方は、万が一の場合に備えて、適切な処置ができるよう、講習を受けることをおすすめします。各地の消防本部や日本赤十字社の都道府県支部が講習会を開催しています。病院や保健所で独自に行っているところもあります。

なお今回は小児・乳児の心肺蘇生についての説明は割愛させていただきました。

サプリメントにご注意を

高橋正人

近年のスポーツ活動において、特に若い選手層ではサプリメントの使用が何の抵抗もなく行われるようになりました。彼ら、彼女らが使用しているのが、プロテインやアミノ酸です。トレーニング終了直後の成長ホルモン（ＧＨ）のもっとも分泌が高まったときに補給すると、筋肥大が起こりやすいということで使用しています。しかしながら、調査を行ってみると、実はほとんど使用目的が明確ではなく、友人が使用しているから、トレンドだからと言って使用しているケースがほとんどのようです。

サプリメントを使用するには、運動生理学、スポーツ栄養学をある程度習得してからでないと、効果は発揮しないであろうということが言えます。それをやらないときちんとした使用目的が定まらないからです。先ほど述べたプロテイン、アミノ酸は筋肥大を目的に、トレーニング終了直後摂取する、そして小腸からどのくらい吸収されるのかも頭の中に入れておかなければなりません。

またビタミンの補給もB群は疲労回復、神経活性、CやEは血管の酸化防止（さび止め）の役割であることも理解しなければなりません。さらにクレアチンも陸上選手などで使用されていますが、これも疲労回復のためです。

しかし、これらはきちんとした食事の摂取で十分ではないのかという問題があります。古くから伝統のある大相撲の世界では、疲労回復と筋肥大を目的に、いわゆる鍋などのちゃんこ料理を摂取してきました。今から考えますと、動物性、植物性のタンパク質やビタミン類が豊富であり、これにコメなどで糖質を摂るので非常に合目的です。

ここで提唱したいのは、まずサプリメントを摂る前に、現在の食事を摂る時間なども含めて、自分の競技特性に対して効率的なものか、よく検討する必要があります。1週間の食事をノートに記録し、よく検討してみてください。**サプリメントはどうしても栄養素が取れない時に、栄養補助として摂るもの**と考えてください。

◆鉄剤摂取の問題点

最近、中高生の中長距離選手において、鉄剤を注射していたケースが問題となりました。鉄は赤血球の赤色の組織であるヘモグロビンの中心にある微量元素です。しばしば中長距離選手では消耗が激しいため、鉄代謝が亢進し体から排泄されてしまいます。そのために鉄欠乏になり、ヘモグロビンが低下する状態、すなわち貧血となってしまいます。これを鉄欠乏性貧血と呼び、運動性貧血の中心となるものです。ヘモグロビンと結合して酸素は末梢に運ばれ、その結果、持久力の指標である最大酸素摂取量が低下し、息切れする状態になるのです。

日常診療では、赤血球数、ヘモグロビン濃度、ヘマトクリット（血球が容積では血液全体の何％占めるか）と血清中の鉄の濃度、それと体内の貯蔵鉄がどのくらいあるかを示す指標であるフェリチン濃度を定期的に検査し、鉄剤を経口投与（口から錠剤やカプセルをのむ）させます。**鉄剤を静脈注射するのは鉄剤を服用すると胃が痛くなるなど副作用を呈した時のみ**です。

中高生選手のケースでは、検査もなく漫然と鉄剤を静脈注射していたそうです。体内の鉄が過剰になっても排泄が難しく、肝臓に蓄積し、そのために肝機能障害が生じてしまいます。鉄欠乏も**食事療法が基本であって、鉄剤の投与はそれで追いつけない場合のみ**です。鉄はレバーやほうれん草だけではありません。肉や青身の魚、それに海藻やシソ、黒砂糖を、ビタミンCが豊富な生野菜と同時に摂取することです。

◆ドーピングのおそれ

サプリメントを常用するようになると、次に薬剤の使用も寛容になってきます。サプリメントも国内の大手企業が製造しているものであれば成分の純度が高いですが、今では容易に外国製のものを手に入れられるようになっています。ｗｅｂ上で輸入代理店等を通せば容易に購入できます。**外国製のサプリメントにはいわゆる筋肉増強剤を含むプロテインなどの商品も多く存在します。またｗｅｂでは、ドーピング禁止薬を含め薬剤の購入も可能**です。

現在若い選手層には薬物使用に寛容な層が少なからずおります。ある体育系大学の学生では10

～20％が消極的なものも含め、薬物使用を容認しております。

実際、筋力トレーニング愛好者を中心として筋肉増強剤が広がっております。また2018年は日本人選手のオリンピック競技でのドーピング失格が相次ぎました。

筋肉増強剤と呼ばれるものは男性ホルモン（代表がテストステロン）とその誘導剤である蛋白同化ステロイド、それに成長ホルモンやＩＧＦ－１、そしてβ２作動薬と呼ばれるものです。

外国では成長ホルモンを肉牛に注射し、またβ２作動薬は肉牛の飼料の中に混ぜられ、食用になる部分を増やします。

さらに男性ホルモン・蛋白同化ステロイドの使用は現在でも広まっており、これによる副作用の問題が深刻です。

男性ホルモンなのですが、女性ホルモンは男性ホルモンが転換して作られるため、大量の男性ホルモンを投与した場合、バランスが崩れ女性化してしまうのです。女性化乳房や性欲低下、ＥＤなどが起こり、意欲低下のため仕事をするのもままならないという例もあります。

また、この問題は治療が困難であり、自身の分泌する男性ホルモンの分泌を促す排卵誘発剤を使用したりしますが、うまくいかないケースが少なからずあり、治療として自分の男性ホルモンの分泌をあきらめ、外から注射等による男性ホルモンの投与をせざるを得ない場合もあります。

糖尿病の99％を占める2型糖尿病は血糖値を下げるインスリンというホルモンの作用不足によるインスリン抵抗性という状態にありますが、それと似たいわば男性ホルモン抵抗性が生じていると解釈されます。

また、先ほど述べたようにヘモグロビン濃度を高め、最大酸素摂取量を上昇させるエリスロポエチン（EPO）というホルモン剤を投与しているケースも最近散見されます。

いずれにしても、**サプリメント使用からドーピングにまで至るケースもある**ので、サプリメント使用の段階でよくよく指導者は気を配ることが求められていると思います。

これからの　スポーツ指導の話をしよう

立木幸敏
前川直也

◆体罰や威圧によらない指導を

文部科学省は平成25年3月5日、「運動部活動の在り方に関する調査研究」を行い、5月27日にその報告書を発表しました。

現在、教育の現場にその競技に精通した教員が十分に行きわたっているとは言い難い現況です。一般の指導者が学校授業や部活動の外部指導者として派遣されることが多くなると思います。この報告書に基づき、今後は体罰防止についての意識も学校内で高まっていくことでしょう。かつては普通に行われていた、長時間の正座であったり、ゲンコツや平手で軽く頭たたくといった行為も、「しつけ」や「言うことを聞かない生徒」を大人しくさせるためのものであったとしても学校の現場では体罰とみなされます。

学校教育法に定められていることなので、学校外の活動に適用されるわけではありませんが、練習にくる選手・保護者の意識を考慮したうえで、報告書に書かれている内容を参考にして指導にあたる必要があるかと思われます。もちろん外部指導者として学校へ指導に行く場合だけでなく、**地域のクラブなどで指導にあたる指導者の方も目を通してください。**

「どこまでが体罰なのか線引きが難しい」という指導者の声も聴きます。

学校教育法第11条に規定する「校長及び教員は、教育上必要があると認めるときは、文部科学大臣の定めるところにより、児童、生徒及び学生に懲戒を加えることができる。ただし、体罰を加えることはできない」に基づき、「体罰と判断される行為」と「認められる懲戒」と「正当な行為」の参考事例のご一読をおすすめします。

URL：http://www.mext.go.jp/a_menu/sports/jyujitsu/__icsFiles/afieldfile/2013/05/27/1335529_1.pdf

◆無理のない安全な練習計画を

本報告書は**体罰を厳しく戒めるためだけのものではなく、より効果的な指導を行うため**のガイドラインも盛り込まれています。「スポーツの意義」として、「世界共通の人類の文化であり、人々が生涯にわたり心身ともに健康で文化的な生活を営むうえで不可欠なもの」「体力を向上させるとともに、他者を尊重し他者と協同する精神、公正さと規律を尊ぶ態度や克己心を培い、実践的な思考力や判断力を育むなど、人格の形成に大きな影響を及ぼすものであり、生涯にわたる健全な心と身体を培い、豊かな人間性を育む基礎となるものです」とあります。

勝敗、優劣を争うのが競技・スポーツではありますが、**その「意義」を今一度、肝に命じて指導にあた必要がある**と思います。この「意義」にしたがい、「運動部活動での指導のガイドライン」がまとめられています。

例えば「活動における指導の目標や内容を明確にした計画の策定」

生徒が生涯にわたって興味をもって楽しめるよう、無理のない目標の設定、練習方法・計画を作成し、年間を通したバランスのとれた活動をすすめています。体調や疲労度にあわせて適宜休憩時間や休養日を設ける。一人一人の健康状態、心身の発達状況、技能の習熟度、また活動を行う場所、環境（気温や湿度）等を総合的に考えた合理的な方法で行われることも必要です。

また身体の発達段階にある年代では、長時間にわたる肩・肘・腰・膝などの酷使による障害も考慮する必要があります。本書で取り上げてきた、アイシングやストレッチ、また様々なケガへの対処、熱中症や脳しんとうといったアクシデントへの対策なども参考にしていただければ、事故防止と安全確保につながるでしょう。

なお**日々進歩する運動生理学やトレーニング理論には常に関心を持って**いただければ幸いです。

◆合理的な指導を

技術の習得・習熟、体力の向上のためには厳しい練習も必要です。前述のようなことを考慮したうえで、合理的な内容・方法により、肉体的・精神的負荷を伴う指導は必要です。

報告書では柔道を例にあげていますが

「安全上受け身をとれることが必須であることを理解させ、初心者の生徒に対して、毎日、技に対応できるように様々な受け身を反復して行わせる」「練習に遅れて参加した生徒に、他の生徒とは別に受け身の練習を十分にさせてから技の練習ら参加させる」とあります。

また厳しい指導として、「危険な行為を繰り返す生徒は練習の場から離し、練習後も道場に残して、その生徒の行為の危険性を説諭すること」「遅刻を繰り返したり、計画に基づく練習の内容に従わない生徒は、練習に参加させず、他の生徒の練習に臨む姿勢や、取り組み方を見学させ、自分の態度について考えさせ、今後の取り組み姿勢の改善を促す」とあります。

同様のことは、すでに取り入れられているかと思いますが、なおこの機会に再認識していただければと思います。

おわりに——まず指導者自身が変わる

みなさん、ここ数年で、スポーツ指導者に求めること、またはスポーツ指導者に対する見方が大きく変わったと思いませんか。一昔前では、当たり前だった、許されていたことが、現在は許されなくなってきていると思いませんか。

ここ数年前から、指導者の在り方については、抜本的な改革が急務とされ、指導者を取り巻く環境、指導者を見る目が厳しくなったように感じます。すなわち、社会が指導者に求める水準が日を重ねるにつれて厳しくなっていると思います。

そんな私も、指導者として抜本的に変革しなければならないと感じた出来事がありました。もう10年ほど前になるでしょうか。知人から、「スポーツ指導者のマナーが悪い。保護者のマナーが悪い。こうした点を改善しなければならないと思っている。スポーツ心理学・コーチング科学からの視点で、今後の指導者の在り方、保護者の在り方を話してほしい」と、講演の講師の依頼も含めて相談がありました。

若気の至りといいますか、怖いもの知らずで承諾しましたが、講演内容の準備をしている際に自分自身が恥ずかしくなり、自己嫌悪に陥りました。そのとき「心理学的に推奨されていることと、実際に私が実践している指導には乖離がある」と気づき、「まず、自分が変わらなければならない」と強く決意し、それ以降、講演の依頼を受けると自分自身を見直し、自戒の念をこめて話すようになりました。

そして今回、スポーツ心理学、コーチング科学の教育・研究に携わる者として、指導者のあるべき姿について、私が講演で話す内容をまとめることを試みました。

指導現場で感じる疑問を心理学的な視点から説明し、理解しやすいように、なるべく例を多くあげながら説明することを心がけました。本書が皆様の指導に少しでも役立てば幸甚です。

国際武道大学　前川直也

おわりに――安全確保の知識を

2011(平成23年)年6月に「スポーツ基本法」が制定されました。序文には
「スポーツを通じて幸福で豊かな生活を営むことは、全ての人々の権利であり、全ての国民がその自発性の下に、各々の関心、適性等に応じて、安全かつ公正な環境の下で日常的にスポーツに親しみ、スポーツを楽しみ、又はスポーツを支える活動に参画することの出来る機会が確保されなければならない」
とあります。この法律は画期的であり国がスポーツ振興に積極的に関わるきっかけとなりました。その例として2020年の東京オリンピックの招致において首相や皇族の方がプレゼンテーションに立たれたことは記憶に新しいところです。
また14条に
「国及び地方公共団体は、スポーツ事故その他スポーツによって生じる外傷、障害等の防止及びこれらの軽減に資するため、指導者等の研修、スポーツ施設の整備、スポーツにおける

心身の健康の保持増進及び安全の確保に関する知識（スポーツ用具の適切な使用に係わる知識を含む。）の普及その他の必要な措置を講ずるよう勤めなければならない」とスポーツにおける外傷・障害について初めて明文化されています。

一方でスポーツの現場では過熱するスポーツビジネスがオリンピックにとどまらず国内の様々なスポーツシーンに関わっており、日々華やかな報道もされています。しかしその陰でスポーツ外傷・障害、バーンアウト、様々なハラスメントが問題となっていることは周知の事実です。

私は文科省が設置した「体育活動中の事故防止に関する研究協力者会議」の委員として、学校管理下におけるスポーツ活動の事故の生々しい記録を目にしてきました。

また、スポーツにおける重症事故の被害者の方々にもお会いする機会を得ました。そこではほとんど単発の報道にしかならず、大変な思いをされていながら生活しているにもかかわらず、世の中から忘れ去れていく被害者の方々からの安全なスポーツ環境を望む声がありました。

私の関わった文科省の会議で問題となったスポーツにおける重傷事故には、近年研究成果のあるものも多く、指導現場が知識を得る事で多くが防げる可能性があります。

この本では、体育・スポーツを専門とせず、部活動を受け持っている先生等を思いながら企画しました。よってスポーツコーチング初心者の方々でもわかりやすく読めると思います。

著者としては、スポーツ現場の指導（コーチング）において、スポーツ心理学の視点から、どのような指導をすべきかを、前川直也先生に書いて頂きました。先生はご自身も講道館柔道六段の腕前で、研究でも学会賞を受賞されている新進気鋭の研究者です。

またドーピングとサプリメントの問題には、スポーツドクターでカロリンスカ医科大学において招待講演を行うなどの業績を上げられている高橋正人先生にお願いしました。先生はアンチドーピングの観点からカウンセリングをおこないながら、ドーピングの副作用に悩む患者の治療にも取り組むなどされている内分泌代謝科専門医・内科医です。この本では医学的な見地からご助言いただきました。

そして私は日頃、各競技団体むけに安全講習会として取り組んでいる「頭部外傷の問題」「熱中症の予防」を中心に記しました。

この本が、スポーツ基本法の理念の実現に、さらにこれからのスポーツに関わる皆様に少しでもお役に立てれば幸いです。

国際武道大学　立木幸敏

◆著者プロフィール

立木幸敏（たつぎ・ゆきとし）

1965年生まれ
国際武道大学体育学部、同大学院武道・スポーツ研究科教授、武道学科学科長
教育学修士
著書…「合気道の指導の手引き(第2版)-中学校体育実技指導資料」公益財団法人合気会、「日本武道協議会設立40周年『中学校武道必修化指導書・合気道』」日本武道協議会、「学校における体育活動中の事故防止について」文部科学省、「新版　これでなっとく使えるスポーツサイエンス」講談社サイエンティフィック、「近代武道の系譜」杏林書院、「ドーピング」講談社ブルーバックス
その他…合気道六段（合気会）、国際武道大学合気道部部長

前川直也（まえかわ・なおや）

1977年生まれ
国際武道大学体育学部准教授、同大学大学院武道・スポーツ研究科准教授
博士（スポーツ健康科学）
著書…「公認柔道指導者養成テキストA指導員」公益財団法人全日本柔道連盟
その他…日本傳講道館柔道六段、全日本柔道連盟公認Aライセンス審判員、全日本柔道連盟公認柔道指導者A指導員、公益財団法人日本スポーツ協会公認柔道コーチ、国際武道大学柔道部コーチ

◆協力者プロフィール

高橋正人（たかはし・まさと）

1959年生まれ
十文字学園女子大学人間生活学部健康栄養学科教授、同大学院人間生活学研究科食物栄養学専攻教授
博士（医学）、総合内科専門医、内分泌代謝科専門医、同指導医、温泉療法専門医、産業医、日本体育協会公認スポーツドクター
著書…「健康運動指導者必携キーワード」医道の日本社、「ドーピング スポーツ底辺に広がる恐怖の薬剤」講談社ブルーバックス、「これでなっとく使えるスポーツサイエンス」講談社サイエンティフィック

装幀――――ゴトウアキヒロ
イラスト――佐藤右志

子どもの本気と実力を引き出すコーチング

発行日　　2019年4月10日　第1刷
著　者　　立木幸敏・前川直也
協　力　　高橋正人
発行者　　清田名人
発行所　　株式会社内外出版社
〒110-8578 東京都台東区東上野2-1-11
電話　03-5830-0368　（販売部）
電話　03-5830-0237　（編集部）
https://www.naigai-p.co.jp
印刷・製本　中央精版印刷株式会社

ISBN 978-4-86257-439-8　C0075